Heinrich Wienbeuker

Ohnmächtig-mächtig Gottes Weg zu unserem Herzen

Heinrich Wienbeuker

Ohnmächtig-mächtig Gottes Weg zu unserem Herzen

Predigten von der Liebe Gottes

Fromm Verlag

Impressum/Imprint (nur für Deutschland/ only for Germany)
Bibliografische Information der Deutschen Nationalbibliothek: Die Deutsche Nationalbibliothek verzeichnet diese Publikation in der Deutschen Nationalbibliografie; detaillierte bibliografische Daten sind im Internet über http://dnb.d-nb.de abrufbar.
Alle in diesem Buch genannten Marken und Produktnamen unterliegen warenzeichen-, marken- oder patentrechtlichem Schutz bzw. sind Warenzeichen oder eingetragene Warenzeichen der jeweiligen Inhaber. Die Wiedergabe von Marken, Produktnamen, Gebrauchsnamen, Handelsnamen, Warenbezeichnungen u.s.w. in diesem Werk berechtigt auch ohne besondere Kennzeichnung nicht zu der Annahme, dass solche Namen im Sinne der Warenzeichen- und Markenschutzgesetzgebung als frei zu betrachten wären und daher von jedermann benutzt werden dürften.

Coverbild: www.ingimage.com

Contact:
International Book Market Service Ltd., 17 Rue Meldrum, Beau Bassin, 1713-01 Mauritius
Website: www.bookmarketservice.com
Email: info@bookmarketservice.com

Gedruckt in: USA, UK, Deutschland. Dieses Buch wurde nicht in Mauritius produziert.

Imprint (only for USA, GB)
Bibliographic information published by the Deutsche Nationalbibliothek: The Deutsche Nationalbibliothek lists this publication in the Deutsche Nationalbibliografie; detailed bibliographic data are available in the Internet at http://dnb.d-nb.de.
Any brand names and product names mentioned in this book are subject to trademark, brand or patent protection and are trademarks or registered trademarks of their respective holders. The use of brand names, product names, common names, trade names, product descriptions etc. even without a particular marking in this works is in no way to be construed to mean that such names may be regarded as unrestricted in respect of trademark and brand protection legislation and could thus be used by anyone.

Cover image: www.ingimage.com

Contact:
International Book Market Service Ltd., 17 Rue Meldrum, Beau Bassin, 1713-01 Mauritius
Website: www.bookmarketservice.com
Email: info@bookmarketservice.com

Printed in: U.S.A., U.K., Germany. This book was not produced in Mauritius.

ISBN: 978-3-8416-0175-9

Inhaltsverzeichnis

Vorwort

Ohne die Online-Recherche von Frau Kaiser vom Fromm- Verlag hätten diese Predigten den ostfriesischen Raum wohl nie verlassen; dass sie das jetzt in Buchform tun, dafür danke ich ihr.

Ich danke meiner Frau Inge, die sich die Mühe gemacht und mir geholfen hat, eine Anzahl von Predigten auszusuchen, die wir beide für geeignet hielten, gedruckt zu werden. Sie ist zudem die liebevollste und härteste Kritikerin meiner Predigten.

Danken möchte ich meinen Predigthörerinnen und Predigthörern in meiner Sankt Martins Kirchengemeinde in Uplengen-Remels. Sie sind mir beständige Motivatoren, immer wieder nach Worten zu suchen, um diese Liebe Gottes sagbar zu machen, und sie sind es, die mich durch ihren Zuspruch ermutigen, auf diesem Weg weiter zu gehen.

Ist der Predigttext mit abgedruckt, dann nach der Einheitsübersetzung von 1999; ist er nicht abgedruckt, so bitte ich Sie als Leserin und Leser diesen in der Ihnen vertrauten Bibel nachzuschlagen.

Der Charakter der Predigten als Anrede an die hörende Gemeinde ist beibehalten worden.

Ich gebe meine Predigten mit gemischten Gefühlen auf diesen Weg. Gemischt, weil ich Einiges für gelungen halte; aber auch um mein Ungenügen weiß.

Ich hoffe, dass Sie als Leserin und Leser sich ansprechen lassen von diesem Gott, der sie in Liebe sucht. Sollten einige dieser Zeilen Ihnen eine Glaubens- und Lebenshilfe werden können, dann freut mich dies sehr. Und sie hätten ein Ziel erreicht.

Uplengen-Remels im Juli 2011

Heinrich W. Wienbeuker

Weihnachtszyklus

Lukas 2, 1 – 8: Ohnmächtig - mächtig

Satt und voll hing der Mond am Samstag vor einer Woche über Remels. Es war zwischen 17 und 18 Uhr. Zum Greifen nahe hing er über den Dächern und tauchte unsere Häuser in sein mildes Gelb. Um soviel näher ich ihm kam, um soviel weiter entfernte er sich. Der Mond wahrte Distanz. Unsere von ihm beschienene Erde hatte die Form einer Scheibe. Jahrtausende lang haben Menschen gedacht, unsere Erde sei eine solche Scheibe. Und wenn sie an den Rand der Scheibe fahren würden, würden sie ins Unendliche, in den Tod, stürzen. Sie waren vorsichtig, aber auch furchtbar neugierig. Bauten Schiffe, machten sich zu Fuß, mit Pferden, Kamelen und anderem Getier auf den Weg. Liefen bis zum Rand..., und fielen nicht herunter. Entweder war die Scheibe Erde noch viel größer als sie gedacht hatten, oder die Erde hatte eine andere Form.

Sie beguckten den Himmel. Mal hing der Mond über den Häusern. Mal stand er hoch am Himmel. Mal zu sehen, mal nicht. Mal stand er voll am Himmel, mal halb, mal komplett angeknabbert. Und das andere große Licht, die Sonne. Morgens kam sie langsam im Osten hoch, immer höher; mittags direkt über der Erde, jedenfalls im Sommer; um am Nachmittag langsam aber sicher wieder runter zu sinken. Im Herbst, mehr noch im Winter, stand sie anders zur Erde als im Frühjahr und mehr noch im Sommer. Im Sommer war es länger, viel länger hell als im Winter. Und im Winter kälter als im Sommer. Irgend etwas dreht sich hier, haben sich die Menschen mit der Zeit gedacht. Und: Der Mond, wenn er so richtig schön voll zu sehen ist, ist rund. Die Sonne steht sowieso wie ein Kreis am Himmel. Vielleicht ist ja auch die Erde rund. Aber auch, wenn die Erde keine Scheibe, sondern rund ist, irgendwann- wenn die Menschen nur weit genug laufen oder fahren, irgendwann fallen sie runter, muss doch sein. Wir Menschen sind zwar vorsichtig, aber auch furchtbar neugierig, also ... probieren. Sie fielen nicht. Irgendeine interessante Kraft hält uns an der Erde fest. Es braucht schon mächtig Energie, Kraftaufwand, um sich von der Erde abzuheben. Und dazu kommt: Sie dreht sich. Unsere Erde dreht sich. An manchen Stellen. Am Äquator, wahnsinnig schnell. 16.000 Stundenkilometer. Bei Paris mit ca. 1.000 km/h und am Nordpol ist sie ziemlich langsam. Was aber unbedingt sein muss, wenn der Tag an allen Stellen auf der Erde 24 Stunden lang sein soll. Ist doch schon interessant. Oder nicht? Aber zurück zum Mond. Unser Mond ist fast so groß wie unser Planet Erde. Bisschen kleiner. Sie denken jetzt, das ist doch egal. Nein, ist es nicht. Die Erde ist der einzige Planet im ganzen Sonnensystem, der einen Mond dicht in seiner Nähe hat, der fast so groß ist wie er selbst. Und das ist überlebenswichtig für uns. Der Mond stabilisiert unsere Erde. Ansonsten würde sie wackeln wie ein Lämmerschwanz. Oder wie ein Kreisel kurz bevor er umfällt. Unser Mond sorgt dafür, dass unsere Erde mit der genau richtigen Geschwindigkeit und dem richtigen Winkel rotiert. Und nur deshalb können wir leben. Ist das nicht grandios? Es kommt noch besser: Unsere Lage zur lieben Sonne ist fast gespenstisch genau. Die optimale Entfernung. Wären wir ihr ein wenig näher, sagen wir mehr als 5%, wir würden verbrennen, es wäre nicht auszuhalten. Und wären wir ein wenig weiter weg, sagen wir mehr als 15%, wir würden zu Eisklumpen gefrieren. Auch nicht auszuhalten. Aber... wir liegen optimal, besser geht´s nicht. Und die liebe Sonne selbst ist gerade so groß, dass sie eine Menge Energie abgibt, von der wir leben. Wäre sie viel größer, sie würde ziemlich schnell ausbrennen und verlöschen, wie andere Sterne auch. Und nun nehmen Sie nur mal für einen kurzen Augenblick an, es gäbe einen Gott, der das alles geschaffen hat; einen Architekten. Ich will Ihnen mit dem gerade Gesagten gar nichts beweisen, ich weiß, dass ich das nicht kann. Nein, lassen Sie sich mal einen kurzen Augenblick nur drauf ein, dann müssen Sie doch sagen: Das ist ein genialer Architekt.

Eine solch gewaltige Intelligenz können wir nur bestaunen, bewundern, loben. Und ... ja... auch erschrecken. Ich erschrecke schon vor einem solchen Architekten. Vor diesem Ausmaß an Intelligenz und Schöpferkraft. Und was er erschaffen hat, das Sonnensystem ist riesen-, wirklich riesengroß. Wenn wir vom Sonnensystem eine Maßstabszeichnung machen würden, und die Erde in der Größe einer Erbse darstellten, dann wäre der Jupiter 300 Meter entfernt, und den Planeten Pluto würden wir 2,5 Kilometer von uns entfernt finden. Und unseren nächsten Fixstern, Proxima Centauri, 15.000 Kilometer. Stellen Sie sich diese Dimensionen vor und dann seinen Architekten, wie gesagt, nur einen Moment lang. Es geht nicht anders: Sie müssen ihn bewundern, bestaunen: Was für ein genialer Architekt. Aber der ist uns natürlich schon allein durch seine geistige Schaffenskraft unendlich weit entrückt. Der ist uns entrückt, so groß, so mächtig- und wir klein.

Samstag vor einer Woche war es kalt. Die kalte Luft hatte den Aggregatzustand des Wassers verändert. Im Laufe des Tages war es in Form von Kristallen zur Erde gefallen. Auch Schnee genannt. Eine wunderschöne vom Mond in gelbes Licht getauchte Winterlandschaft. Wenn Flüssigkeiten kalt werden, ziehen sie sich zusammen, Wasser auch. Aber nur bis zu einer bestimmten Grenze. Ein bisschen über dem Gefrierpunkt dehnt sich das Wasser wieder aus. Wird um fast ein Zehntel größer als zuvor. Paradox, unwahrscheinlich, rätselhaft, das Wasser hält sich für gewöhnlich an die Regeln der Chemie und die Gesetze der Physik; aber hier beim Gefrieren kümmert es sich kein bisschen um Chemie und Physik. Und weil das Wasser sich ausdehnt, darum schwimmt es als Eis auf dem Wasser, wäre es anders, würde das Wasser als Eis bei Frost nach unten sinken, unsere Seen und Ozeane würden von unten her zufrieren. Die Wärme, jetzt vom Oberflächeneis schön festgehalten, bleibt dem See, dem Ozean erhalten; wäre es anders; würde das Wasser noch stärker abkühlen und mehr Eis noch entstehen. Die Ozeane mit ziemlicher Sicherheit zufrieren und lange gefroren bleiben. Vielleicht wäre das Leben auf unserer Erde unmöglich, wenn das Wasser bei Kälte so reagieren würde, wie die chemischen Gesetze und physikalischen Regeln es verlangen. Es ist aber nicht so. Und nun bleiben Sie noch einen Moment bei dem Schöpferarchitekten: Der erfindet Gesetze und Regeln, nach denen das Leben funktioniert. Und hat keine Probleme damit, an den Punkten, an denen diese Regel dem Leben nicht dienen, sie schlicht so zu verändern, dass es dann geht. Dass auch das genial ist, muss keiner mehr sagen; aber dazu kommt doch, dass es jemanden gibt, der will, dass das Leben sich entfaltet und weil wir in einer Kirche sind, nennen wir ihn Gott. Und der will, dass am Ende der Lebenskette wir Menschen zum Vorschein kommen. Nur ein paar Beispiele habe ich gebracht, um so viel intensiver Sie sich damit beschäftigen, um so viel geheimnisvoller und faszinierender wird´s. „Je länger ich das Universum erforsche und die Einzelheiten seiner Architektur untersuche; desto mehr Indizien deuten für mich darauf hin: In einem gewissen Sinn muss das Universum gewusst haben, dass wir kommen". Das sagt Freemann Dyson. Englischer Physiker. Und nicht nur gewusst, auch gewollt. Bleiben wir dabei: Das ist ein unwahrscheinlich großer Gott. Größer, tiefer, höher und weiter als der Kosmos selbst. Unglaublich mächtig. Intelligent. Uns Menschen so weit überlegen, wie der erste Fixstern von der Erde entfernt ist. Aber auch so weit entfernt. Diese göttliche Macht kann auch erschrecken. Ziemlich sogar. Eines anderen Größe macht klein.

In einem kleinen Ort - nicht viel größer als Großoldendorf[1], suchen eine junge Frau, eher ein junges Mädchen, - wie alt wird sie sein? Unter 20 in jedem Fall - ; und ihr Verlobter ein Zimmer. Sie wollen, müssen irgendwo unter kommen. Das Mädchen ist hochschwanger. Die beiden haben einen ziemlichen Weg hinter sich. Ca. 95 Kilometer. Zu Fuß. Er jedenfalls. Sie sicher auf dem Rücken eines Esels. Da sie schwanger ist, geht´s nicht so schnell. Andere überholen sie. Und als sie in dem kleinen Ort ankommen, ist der randvoll. Jeder, der hier geboren ist, muss in diesen Ort, um sich zählen zu lassen. Nicht nur die 500 Einwohner bevölkern Bethlehem, auch die ganzen Auswanderer sind wieder da, die Söhne und Töchter, die zum Arbeiten in andere Orte gegangen waren und dann dort hängen geblieben sind. Die paar Hotels, Herbergen, sind bis oben hin voll.

Das ist kein böser Mensch, der die beiden in seinem Stall unter kommen lässt. Im Gegenteil. Der Stall ist eben noch frei. Und besser im Stall, zwischen Tieren im einiger Maßen warmen Stroh als draußen auf dem Feld. Denn da wird´s nun wirklich empfindlich kalt. Und das wäre wahrlich nichts für Mutter und Kind. So kommt das Kind zur Welt. Klein, unbeholfen und verletzlich, wahrscheinlich hat´s geschrien und nach der Brust der Mutter gesucht. War erst ruhig, als es ihre Wärme spürte

1 Ort in der Nähe von Remels mit ca. 700 Einwohner

und was zu trinken hatte. Geborgenheit und Durst und Hunger, das muss befriedigt werden. Hilflos liegt es in den Armen seiner Mutter. Und niedlich ist es. Alles so klein, diese Hände und Arme; diese Füße und Beine. Wunderbar niedlich und so zart. Und nun nehmen Sie einmal an, einen kleinen Augenblick nur, dieser kleine Wurm ist Gott. Ich kann Ihnen das noch weniger demonstrieren als den Schöpfergott, das ist mir sehr bewusst; aber nehmen Sie einmal diesen Gedanken in die Hand: Dieses kleine, so niedlich wie unbeholfene, so zarte wie verletzliche Kind, das ist derselbe Gott, vor dem wir vorhin standen und staunten, und den wir wegen seiner Genialität und Schöpferkraft bewunderten - und vor dem wir wegen seiner Größe und Macht erschrocken zurück gewichen sind. Dieses zarte und hilflose Kind: der mächtige Gott. Dieser unglaubliche Schöpfergott: Dieses niedliche und verletzliche Wesen, im Arm und an der Brust seiner Mutter.

So unwahrscheinlich dies klingen mag: Aber genau dies ist der Kern christlichen Glaubens.

Genau dies ist die weihnachtliche Botschaft: Gott ein Kind. Was ist das für ein Gott? Klein und groß zugleich - mächtig und ohnmächtig in einem? Warum? Warum geht Gott diesen Weg? Über das Kind? Vielleicht, weil Gott gespürt hat, dass wir seine unglaubliche Macht und Größe zwar respektieren; dass wir ihn verehren und respektvoll von ihm reden; aber eben auch erschrocken zurück weichen, um so viel intensiver wir seine Schöpfung zu Gesicht bekommen. Und genau das will er nicht. Vielleicht hat Gott gemerkt, dass wir wegen seiner Größe ganz klein werden; ihm ist bewusst geworden, dass wir uns in diesem riesigen Sonnensystem verloren vorkommen.

Und genau das alles will er nicht: Nicht unseren Respekt, unsere Liebe will er. Nicht verloren sollen wir uns fühlen, bei ihm geborgen. Und um das bei uns zu erreichen, hat Gott der Schöpfer, Architekt des Universums bewusst auf seine Macht verzichtet und liegt zart und hilflos in einer Krippe in einem kleinen Ort mit Namen Bethlehem. Wenn Sie, liebe(r) Gottesdienstbesucher / besucherinnen glauben können: Es gibt einen Gott, der alles so wunderbar konstruiert hat, dass das Leben sich entfalten kann und der darüber hinaus für Sie Mensch geworden ist. Ein zartes Kind. Wenn Sie an solch mächtig liebevollen Gott glauben können, dann ist es Weihnachten geworden. Amen.

PS. Wenn unter dem Weihnachtsbaum etwas Geld lag oder ein Büchergutschein, dann gönnen Sie sich Bill Bryson: Eine kurze Geschichte von fast allem.

Lukas 2, 18: Er hat das Staunen verlernt

Er hat das Staunen verlernt. Es ist ihm abhanden gekommen wie sein Wintermantel. Mit dem letzten Wintertag hat er ihn abgelegt, den ganzen Sommer und den Herbst über nicht an ihn gedacht. Er hat ihn nicht gebraucht und nicht vermisst. Der Mantel ist verschwunden. Er sitzt in einem Café. Und hat Zeit. Vor sich auf dem Tisch eine Tasse Milchkaffee und ein Stück Kuchen. Von seinem Platz aus guckt er auf den Weihnachtsmarkt an der Kirche. Beguckt die Menschen, die von einer Holzbude zur anderen drängen. Beguckt die Menschen, die am Weihnachtsmarkt und am Café vorbei hetzen. Auf der Jagd nach den letzten Geschenken.

Er nimmt die Zeitung vom Haken und schlägt sie auf: „Die Kaufleute sind absolut zufrieden mit dem Weihnachtsgeschäft“. So eine Schlagzeile auf der 1. Seite. Von Finanz-und Wirtschaftskrise ist hier in der Innenstadt wahrlich nichts zu spüren. Er hat Zeit. Hat sich mitten im Trubel der Adventszeit eine Aus-Zeit genommen. Für einen Milchkaffee, für ein Stück Kuchen. Für ein paar Gedanken. Das Stichwort Staunen kommt ihm in den Sinn. Ob durch eine höhere Hand gesteuert oder durch einen elektrochemischen Prozess in seinem Hirn ausgelöst. Wer will das jetzt entscheiden? Das Stichwort führt ihn jedenfalls dazu, über sein Leben nachzudenken. Es wird einer dieser seltenen, aber tiefen Momente, in denen er sich mit sich selbst konfrontiert. Beide Hände an der Tasse gehen seine Gedanken auf Wanderschaft. Das Staunen als Stichwort im Gepäck. Seine Arbeit machte er absolut routiniert. Er entscheidet auf Antrag und nach ordentlicher Prüfung aufgrund der vorgegebenen Richtlinien. Seit 20 Jahren ist er dabei. Hat sich Kompetenzen erworben. Fortgebildet. Weitergebildet. So ist er in der Abteilung nach vorne gerückt. Jetzt steht er an ihrer Spitze. Er leitet den Laden. Sicher. Er hat viel zu tun. Er hat Verantwortung. Aber so hat er das auch gewollt. In diesem Moment mit den Händen an der Kaffeetasse erfüllt ihn dieser Gedanke mit Stolz. Aber dieser Stolz fängt nach einigen Augenblicken an ein wenig bitter zu schmecken. Nach oben hin wird sich nicht mehr viel bewegen. Das weiß er und hat es akzeptiert. Dies macht den Stolz nicht bitter. Es ist etwas anderes. Er fühlt die Routine. Das tägliche Allerlei. Dieses Immergleiche. Morgens fährt er aus dem Haus. Seiner Elvira einen Kuss auf die Wange. Den Kindern, die sich für die Schule fertig machen, noch ein Tschüss zugeworfen. Elvira hat ihren Job. Er hat seinen. Finanziell geht es ihnen gut. Richtig gut. Zwei Mal im Jahr fahren sie in den Urlaub. Im Winter in den Schnee und in die Berge. Im Sommer auf die Insel ans Meer. Sie haben ihr Haus. Platz um sich herum. Er kann einfach nicht klagen, wenn er sein Leben so in Gedanken abschreitet: Finanziell war es ihnen nie besser gegangen. Sie hatten sich was erarbeitet. Seine Gedanken bleiben bei Elvira hängen.

Sie hat ein Händchen für den Garten. Und sie hat eins für´s Haus. Aufgeräumt. Gemütlich. Einladend, wenn er nach Hause kommt. Er hatte die Kaffeetasse wieder abgesetzt und führte seine Gabel gedankenverloren in den Kuchen und zum Mund. Elvira ist die Frau seines Lebens. Er hört sie lachen und sieht ihr glückliches Gesicht vor seiner Seele aufblitzen. Sie ist die Mutter seiner beiden Kinder und sie beide sind ein Team. Können sich aufeinander verlassen. Ihr Leben hat sich in den Jahren ihrer Ehe ineinander verwoben. Er kann es sich ohne sie auch einfach nicht vorstellen.

Natürlich hatte er schon daran gedacht, sie einfach zu verlassen, wenn sie sich in einem Streit ineinander verkeilt hatten und keine Worte mehr füreinander fanden; aber während er jetzt den Kuchen auf der Zunge schmeckt, geht ein besonderes Gefühl für sie durch seine Seele. Wieso kommt dieses Gefühl so selten? Kann es sein, geht es ihm durch den Kopf, dass sein Alltag und seine Routine diese besonderen Gefühle einfach ersticken und er seine Elvira deshalb so selten einfach einmal in den Arm nimmt und sie an sich drückt, um sie so an seinem Gefühl für sie teilhaben zu lassen? Er wundert sich, wie klein sein Kuchen geworden ist. Er hat ihn mechanisch gegessen, während seine Gedanken bei seiner Elvira lebten.

Ihre beiden Kinder sind begabt. Musikalisch alle beide. Kommen gut zurecht an der Schule. Der Junge stand kurz vor dem Abitur. Sie hat noch ein paar Jahre. Natürlich ist nicht alles und nur Sonnenschein zwischen ihm, seiner Elvira und den beiden. Aber im Großen und Ganzen, denkt er, während seine Gedanken jetzt mit den beiden wandern, im Großen und Ganzen können wir beide uns nicht über unsere Kinder beklagen. Sicher. Er hätte mehr Zeit mit den Kindern verbringen können. Seine Elvira bringt dieses Argument immer wieder, wenn es Stress mit einem der beiden gibt; aber seine Liebe, die hatten sie immer spüren können. Er ist dankbar, während er an seine beiden denkt. Musste er doch sein, während seine Gedanken in seinem Leben auf und ab wandern und die unterschiedlichsten Gefühle in ihm wach rufen. Er trinkt den letzten Schluck aus der Tasse. Seinen Kuchen hatte er am Ende ganz mechanisch gegessen. Er überlegt, ob er die Gunst der Stunde nutzen soll, um sich weiter mit sich selbst zu konfrontieren. Er spürt, dass er das Café anders verlassen wird als er hinein gegangen war. Er bestellt einen zweiten Milchkaffee. Irgendwas ist bei ihm auf der Strecke geblieben. Nach außen hin ist sein Leben in Ordnung, aber innerlich ist es verarmt; er spürt es schmerzhaft.

Arbeit, Elvira, die Kinder, die Finanzen. Er könnte zufrieden sein; geradezu dankbar; aber er ist es nicht. Viel zu selbstverständlich ist ihm alles geworden und darüber ist ihm vieles verloren gegangen. Eine tiefe Freude, die fehlt ihm. Sein Blick geht in die Zeitung, die er aufgeschlagen auf den zweiten Stuhl gelegt hatte, bevor seine Gedanken auf Wanderschaft gegangen waren. Und jetzt bemerkt er, wie das Stichwort Staunen in seinen Kopf gekommen war.

Mit einem Blick hatte er vorhin einen philosophischen Kommentar gestreift. Er sieht genauer hin:

„Staunen hat für die Griechen immer etwas mit Schauen zu tun", liest er: „Für den Philosophen Platon ist das Staunen der alleinige Grund aller Philosophie und Anfang und Ende alles Denkens. Das Verwundern treibt mich an, genauer hin zu sehen und das Geheimnis des Geschauten zu verstehen. Denken mündet im Staunen und Bewundern". Gedacht hatte er in der letzten halben Stunde viel. Über sich. Über sein Leben. Aber das Staunen? Es war ihm abhanden gekommen.

„Das Staunen macht den Menschen in seiner Seele reich", liest er weiter, und dann ging der Text auf Weihnachten über. Ach, denkt er, doch was Frommes. Ist ja auch besinnliche Zeit. Ihm kommt plötzlich eine Zeile aus dem Weihnachtsoratorium von Bach in den Sinn. Elvira und er hatten das Konzert letzte Woche besucht, war da nicht was mit den Hirten und Staunen. Er versucht, sich zu erinnern: *Und alle, die es hörten, staunten über die Worte, die ihnen die Hirten gesagt hatten*. Klar, da war es, sein Stichwort. *Maria aber behielt alle diese Worte und bewegte sie in ihrem Herzen.* Er erinnerte sogar noch die Zeile der nachfolgenden Arie: *Schließe, mein Herze, dies selige Wunder fest in deinem Glauben ein! Lasse dies Wunder, die göttlichen Werke, immer zur Stärke deines schwachen Glaubens sein.* Er wunderte sich, wie gut das in seinem Gedächtnis saß.

Nun lebte er seit er denken konnte mit der Weihnachtsgeschichte. Aber jetzt mit 45 Jahren in einem Café und der 2. Tasse Milchkaffee berührte ihn ein Wort aus der ganzen Weihnachtsgeschichte: Das Staunen. Er kannte die Figuren der Weihnachtsgeschichte: Maria, Joseph, das Kind, die Hirten, Engel, die Weisen aus dem Morgenland. August, Kaiser, Cyrus, Landpfleger, er kannte die Orte: Nazareth, Bethlehem. „Es begab sich aber zu der Zeit...", die Texte sitzen. Aber es geht ihm mit ihnen wie mit seinem Leben: -Routine, -gewöhnlich, -alltäglich, -oder alljährlich, -oberflächlich, -innerlich arm- es fehlt das innere Leben-. Hatte Weihnachten ihn je angerührt? War es ihm je tiefer gegangen? Vielleicht als Kind- da hat er sicher staunend in der Kirche vor der Krippe gestanden, aber dieses Staunen war ihm abhanden gekommen. Vielleicht sollte ich jetzt mit meinen 45 Jahren dieser Geschichte mal ein wenig länger standhalten, denkt er. Versucht es, und lässt seine Gedanken und Gefühle in den Stall von Bethlehem wandern, und versucht, sich von dieser Szene innerlich berühren zu lassen. Im letzten Moment kommen Maria und Joseph in dem Stall unter. „Gottseidank", denkt er. Joseph kümmert sich rührend um seine Maria. Sie soll gut liegen. Warm und trocken. Joseph legt die Futterkrippe mit Stroh und Tüchern aus. Bald schreit ein kleiner Junge.

Die Geburt ist super gelaufen. Maria nimmt den Kleinen auf den Bauch und an die Brust. Joseph steht glücklich daneben. Hab ich mir diese Szene je innerlich vorgestellt?, fragt er sich und nimmt die 2. Tasse Milchkaffee zur Hand. Bin ich in den 45 Jahren einmal in den Stall gegangen, um zu spüren, was dort passiert ist? Warum eigentlich nicht? Ihn berührt ihn der Gedanke, dass Gott selbst ein Mensch geworden sein soll, in diesem kleinen Jungen, den er gerade im Stall hat schreien hören, er versucht, sich Gott vorzustellen. Gott, den Architekten des Universums, Gott, der kleine Junge. „Stall“, „Bethlehem“, gehört hat er die Worte oft, noch jedes Jahr zu Weihnachten, jetzt geht ihm auf, dass dieser Gott ein liebevoller Gott sein muss, etwas Warmes strömt durch seine Seele. Es berührt ihn, an Gott zu denken; so wie es ihn berührt hatte, als das glückliche Gesicht seiner Elvira vor seine Seele kam. Sie hatte sein Herz berührt, so wie Gott jetzt sein Herz berührt. Er versucht, Weihnachten neu zu sehen. Er lässt alles, was er über Weihnachten, Stall und Ort und Personen an Erläuterungen und historischen Erklärungen schon mal gehört hat, hinter sich und hält nur eines fest: Das Gefühl der Liebe Gottes. Das Geheimnis der Liebe Gottes.

Je länger seine Gedanken und seine Gefühle vor diesem Geheimnis und der Szene im Stall stehen,je deutlicher fühlt er, dass er dieses schon längst hätte tun sollen. Staunen. Das Staunen einüben.

Immer und immer wieder und darauf zu achten, dass es ihm nicht wieder verloren ging. Die Zeile, die er gerade gelesen hatte: *Staunen macht die Seele reich.* Diese Wahrheit hatte sich ihm für Momente gezeigt. Bei den Dingen, die einem begegneten im Leben, - wie jetzt Weihnachten -, stehen zu bleiben. Genau hin zu gucken, um zu sehen, was sich hinter den Dingen versteckt, welche Wahrheiten da noch ans Licht kamen - wie jetzt Weihnachten - die Wahrheit der Liebe Gottes.

Elvira kam ihm plötzlich in den Sinn- wie lange lebte er schon von ihrer Liebe? Ihm war, als würde die Liebe Gottes ihm auch die anderen Bereiche seines Lebens in einem anderen Licht zeigen.

Er rief die Bedienung- zahlte, stand auf, nahm seinen Mantel vom Hacken. Verließ das Café - anders als er hineingegangen war - fuhr die 30 Kilometer nach Hause. Legte seinen Mantel wieder ab. Seine Elvira kam gerade die Treppe herunter. Er nahm sie in den Arm. Drückt sie an sich. Worüber sie sich wundert und freut: „Jetzt kann es Weihnachten werden“, sagte er: „Ich habe etwas für mich entdeckt, etwas entdeckt, was mir lange fehlte, zu lange eigentlich“, sagt er weiter - es wird ein anregender Abend - für beide. Amen

Johannes 3, 16: „Wer A sagt, der muss auch B sagen.....“

„Wer A sagt, der muss auch B sagen.......“ Sie kennen den Satz. Wie oft haben Sie den als Eltern gesagt? Ihr Kind hat sein Taschengeld auf den Kopf gehauen, aber jetzt will es sich ganz was Schönes kaufen- unbedingt und unbedingt sofort. „Wer A sagt, der muss auch B sagen.......“ Muss mit den Konsequenzen leben. Wie oft haben Sie diesen Spruch als Kind gehört? Hatten mal wieder nicht für die Klassenarbeit gelernt. Und standen mit einer knappen vier vor ihrer Mutter. „Wer A sagt, der muss B aushalten.......“ Der muss die Folgen tragen. „Wer A sagt, der muss auch B sagen.......“ Haben Sie 'ne Ahnung, wer das zum ersten Mal gesagt hat? Von wem stammt dieser Satz? Ich hab gesucht und nicht gefunden, Lexikon der Redensarten durchgeblättert; nichts gefunden. Internet- den Satz einfach mal bei Google eingeben. Kein Mensch weiß, wer diesen Satz das erste Mal gesagt hat. „Wer A sagt, der muss auch B sagen.......“ Das ist ein anderes Satz als: „Im Jahre Null ist Christus geboren“, weil Weihnachten ist, nehme ich den mal. Das weiß fast jeder.

Aber dieser Satz basiert auf einer geschichtlichen Tatsache. Jesu Geburt können wir anhand von Daten prüfen.

„Wer A sagt, der muss auch B sagen.......“ hat nichts mit Geschichte und mit Daten zu tun; aber mit Erfahrung. Das wussten schon die Höhlenmenschen: „Wer kein Holz sammelt, kann sich auch kein Feuer machen“. Und da kommt sogar noch c dazu: „Der muss frieren...“. Kein Mensch weiß, wer zum ersten Mal gesagt hat: „Wer A sagt, der muss auch B sagen.......“ Das kriegen wir nicht mehr raus; aber wir wissen, was gemeint ist, das ist unser Erfahrungswissen. Bei meiner Suche nach der Herkunft des Satzes: „Wer A sagt, der muss auch B sagen“, bin ich auf eine Geschichte gestoßen, die Sie wahrscheinlich alle kennen, in der kommt 1. dieser Satz vor und sie passt 2. unglaublich gut zu Weihnachten.

Ich lese Ihnen die ersten Zeilen der Geschichte vor: „Vor einem großen Walde wohnte ein armer Holzhacker mit seiner Frau und seinen zwei Kindern; das Bübchen hieß Hänsel und das Mädchen Gretel. Er hatte wenig zu beißen und zu brechen, und einmal, als große Teuerung ins Land kam, konnte er auch das tägliche Brot nicht mehr schaffen. Wie er sich nun abends im Bette Gedanken machte und sich vor Sorgen herumwälzte, seufzte er und sprach zu seiner Frau »was soll aus uns werden? wie können wir unsere armen Kinder ernähren, da wir für uns selbst nichts mehr haben?« »Weißt du was, Mann,« antwortete die Frau, »wir wollen morgen in aller Frühe die Kinder hinaus in den Wald führen, wo er am dicksten ist: da machen wir ihnen ein Feuer an und geben jedem noch ein Stückchen Brot, dann gehen wir an unsere Arbeit und lassen sie allein. Sie finden den Weg nicht wieder nach Haus und wir sind sie los.« »Nein, Frau,« sagte der Mann, »das tue ich nicht; wie sollt ichs übers Herz bringen, meine Kinder im Walde allein zu lassen, die wilden Tiere würden bald kommen und sie zerreißen.« »O du Narr,« sagte sie, »dann müssen wir alle viere Hungers sterben, du kannst nur die Bretter für die Särge hobeln,« und ließ ihm keine Ruhe, bis er einwilligte. »Aber die armen Kinder dauern mich doch,« sagte der Mann. Die zwei Kinder hatten vor Hunger auch nicht einschlafen können und hatten gehört, was die Stiefmutter zum Vater gesagt hatte. Gretel weinte bittere Tränen und sprach zu Hänsel »nun ists um uns geschehen.« »Still, Gretel,« sprach Hänsel, »gräme dich nicht, ich will uns schon helfen.« Und als die Alten eingeschlafen waren, stand er auf, zog sein Röcklein an, machte die Untertüre auf und schlich sich hinaus. Da schien der Mond ganz helle, und die weißen Kieselsteine, die vor dem Haus lagen, glänzten wie lauter Batzen. Hänsel bückte sich und steckte so viel in sein Rocktäschlein, als nur hinein wollten. Dann ging er wieder zurück, sprach zu Gretel »sei getrost, liebes Schwesterchen, und schlaf' nur ruhig ein, Gott wird uns nicht verlassen,« und legte sich wieder in sein Bett. Die Eltern nehmen die Kinder mit in den Wald, um sie allein dort zu lassen.

Hänsel, schlau wie er ist, lässt immer einen Stein plumpsen und am späten Abend sind die beiden wieder zu Hause. Der Vater aber freute sich, denn es war ihm zu Herzen gegangen, dass er sie so allein zurückgelassen hatte. Nicht lange danach war wieder Not in allen Ecken, und die Kinder hörten, wie die Mutter nachts im Bette zu dem Vater sprach »alles ist wieder aufgezehrt, wir haben noch einen halben Laib Brot, hernach hat das Lied ein Ende. Die Kinder müssen fort, wir wollen sie tiefer in den Wald hineinführen, damit sie den Weg nicht wieder herausfinden; es ist sonst keine Rettung für uns.« Dem Mann fiels schwer aufs Herz und er dachte »es wäre besser, dass du den letzten Bissen mit deinen Kindern teiltest.« Aber die Frau hörte auf nichts, was er sagte, schalt ihn und machte ihm Vorwürfe. ***Wer A sagt, muss auch B sagen,*** und weil er das erstemal nachgegeben hatte, so musste er es auch zum zweiten mal".

Sie wissen, wie die Geschichte weitergeht mit Knusperhäuschen, böser Hexe, die beiden überstehen alles. Sie finden wieder nach Hause. Stiefmutter tot. Vater glücklich. Geschichte zu Ende. „Wer A sagt, der muss auch B sagen..."

Muss Gott auch B sagen, wenn er A sagt? Gott hat die Welt erschaffen, dann muss er sich auch um sie kümmern? Was meinen Sie? Mir gefällt das Wörtchen „muss" nicht. Gott wäre der Logik des Satzes: Wer A, der B..... unterworfen und dann wäre er nicht mehr Gott. Die Logik wäre größer als er. Gott hat A gesagt; aber er wollte auch unbedingt, von Herzen, um jeden Preis; er w*ollte aus seinem tiefsten Innern heraus B sagen.* Wieso kann ich das jetzt so sagen? Hier von der Kanzel am Heiligen Abend 2010? Mit welchem Recht? Ist das mein Erfahrungswissen? Oder ist das Geschichtswissen? Es ist beides, der Predigttext für diesen Gottesdienst bringt uns weiter: „Denn also hat Gott die Welt geliebt, das er seinen einzigen Sohn gab, damit ein jeder, der an ihn glaubt, nicht verloren geht, sondern das ewige Leben hat. Gott hat seinen Sohn nicht in die Welt gesandt, um sie zu richten, sondern, um sie zu retten. Wer an ihn glaubt, wird nicht gerichtet, wer aber nicht glaubt, der ist schon gerichtet, weil er nicht an den Namen des einzigen Sohnes Gottes geglaubt hat... - Der Predigttext ist noch nicht zu Ende - ...Dies aber ist das Gericht: Das Licht – Jesus - ist in die Welt gekommen; und die Menschen liebten die Finsternis mehr als das Licht; denn ihre Werke waren böse. Jeder, der Böses tut, hasst das Licht; damit seine Werke nicht aufgedeckt werden. Wer aber tut, was der Wahrheit entspricht, kommt zum Licht, damit offenbar wird, dass seine Werke in Gott gewirkt sind..."

Merken Sie das: Geschichtswissen und Erfahrungswissen stecken in diesen Sätzen. Gott liebt diese Welt. Gott liebt Dich. Die Wahrheit dieses Satzes siehst Du in Jesus und nur in ihm. Und der wurde geboren. Lebte 28 Jahre -manche meine 30 Jahre lang- in aller Stille vor sich hin. War 2 Jahre lang, manche meinen 3 Jahre lang, unterwegs. Erzählte von Gott, heilte Kranke. Hier ein gutes Wort, dort ne gute Tat. Hing nach 2 – 3 Jahren am Kreuz. Das ist Geschichtswissen. Was ist denn dann dabei Erfahrungswissen und ich setze ein Wort dazu: Was ist Glaubenswissen? Was ist hier A und B? Ich hab einen Satz gelesen, den will ich Ihnen nicht vorenthalten: „Jeder Mensch erfährt in der Liebe eine Freude; ein Hellwerden seines Daseinsraumes", und dann denken Sie an die Situation im Haus des armen Holzhackers mit dem Hänsel und der ängstlichen Gretel; der bösartigen Stiefmutter und dem wankelmütigen und hilflosen Vater.

Erinnern Sie sich, wie es bei Ihnen zu Hause ist und in Ihnen innen drin, wenn Sie Streit miteinander haben. Frau mit Mann, Mann mit Kind, mit anderen. Wenn Sie die Werke des Bösen tun und nicht raus kommen. Führen Sie sich vor Augen, wie hell es wird, wenn die Liebe wieder die Oberhand bekommt; wenn Sie sich wieder in die Arme nehmen können und es auch tun. Wenn die Liebe ihren Daseinraum hell macht. Denken Sie dran, wie schön Ihre Seele dann wieder auflebt. Sie wissen, wonach Sie sich sehnen und wie es sein sollte in ihrem Leben - in ihrem Daseinsraum. Hell und freundlich. Das ist unsere Erfahrung: In der Liebe ist es hell. Im Hass, im Streit ist es dunkel. Finster. Im bösen Wort, im Neid - ach... wem ich erzähle ich das. Sie kennen das alles zu Genüge. Und was ist jetzt Glaubenswissen? Gott liebt dich und das siehst Du daran, dass er seinen einzigen Sohn ab-geschenkt hat, damit ein jeder, der glaubt, dass ewige Leben hat......

Wieder ein – zwei Sätze zum Nachdenken: W*as in Liebe geschenkt wird, ist im Tiefsten immer der Schenkende selbst.* Gott schenkt sich Dir selbst. Hörst Du: Gott selbst, damit Dein Daseinsraum hell und Deine Seele fröhlich wird. Und „*das eigentliche Schenken geht nicht auf der Ebene des Habens und Besitzen, sondern auf der Höhe des Seins vor sich...*." Ich hab Jesus nicht wie einen Besitz, wie eine Tradition; ich hab ihn überhaupt nicht, ich lebe von ihm, ich lebe durch ihn, von seiner Liebe oder nochmal anders: Sie merken meine Versuch, Glauben in Worte zu fassen; Weihnachten sagbar zu machen. Sie setzen sich seiner Liebe aus, Sie lassen diese göttliche Liebe zu. Lassen sich davon durchfluten. Gott liebt diese Welt - er liebt dich - und Sie reifen in ihrem Wesen an seiner Liebe - *wer geliebt wird, weiß, dass dies so ist.* Wir gehen noch einmal zu Hänsel und Gretel zurück. Die beiden sind die einzig Positiven in diesem Märchen. Als Gretel hört, was ihre Eltern vorhaben, weint sie bittere Tränen und spricht zu Hänsel »nun ists um uns geschehen.« »Still, Gretel,« sagt Hänsel, »gräme dich nicht, ich will uns schon helfen.« Geht nach draußen, nimmt die Steinchen und sagt: »sei getrost, liebes Schwesterchen, und schlaf nur ruhig ein, Gott wird uns nicht verlassen,« und legt sich dann wieder in sein Bett. Gretel reift an Hänsel. An seiner Liebe und Fürsorge. Und Hänsel reift daran, dass er einfach Gottvertrauen hat. Das kann man doch sagen. Für einen Moment wird ihr Daseinsraum hell.

„Gott hat A gesagt und wollte unbedingt, um jeden Preis und aus tiefstem Herzen auch B sagen - Gott hat Ihnen das Leben geschenkt - er hat sie ins Dasein gerufen - aber Leben kann so oder so sein - dunkel oder hell - und Ihr Daseinsraum soll hell sein - Gott will das gerne - darum Weihnachten - darum ein Predigttext wie dieser: Denn so - so sehr- so intensiv - hat Gott die Welt geliebt, dass er seinen einzigen Sohn gab - schenkte, damit Sie leben - aus seiner Liebe leben - damit Sie in seiner Liebe reifen - Weihnachten heißt, den Spuren der Liebe Gottes zu Ihrem Herzen folgen. Darum Texte wie unser Predigttext; darum Predigten wie diese. Amen

Titus 2, 11-14: Erschienen ist die Güte Gottes

Okay. Er saß in der Kirche. Gottesdienst am Heilgen Abend. Spät am Heiligen Abend. Eine tragende Rolle spielte der Glaube in seinem Leben aber nicht. Wirklich nicht. Dass er hier saß, verdankte er Insa. Sie hatte so lange gedrängelt. Da war er aufgestanden und mitgekommen. Die Kerzen am Baum. Das Essen im Bauch. Den Ofen im Rücken und das Bier auf dem Tisch. Er hätte sich den späten Abend auch gut anders vorstellen können; aber Insa war hartnäckig. Und ihr zuliebe......

Die Atmosphäre in der Kirche war ihm nicht unangenehm. Der Vertreter Gottes auf Erden auch nicht. Der Pastor vor kurzem bei der Beerdigung seines Schwiegervaters. Das war gut. Richtig gutsogar. Würdig. Aber er verband nicht viel damit. Die Botschaft, der Glaube sagte ihm nicht viel. Den Kindergottesdienst hatte er als Kind besucht. Konfirmiert war er auch. Kirchlich getraut auchaber das wollte vor allem Insa. Der Glaube war ihm einfach abhanden gekommen und er vermisste ihn nicht. Obwohl. Als sein Schwiegervater krank war, im Sterben lag und dann bald starb. Da hatte er intensiver über sein Leben nachgedacht. Intensiver als zuvor; aber deshalb war er nicht gleich religiös - oder?

Dass die Kirche voll sein würde, hatte Insa schon gesagt: „Wenn wir einen guten Platz haben wollen, dann müssen wir früh genug los". Aber so voll, damit hatte er nicht gerechnet. Selbst am späten Abend noch. Mit dem Ofen im Rücken und dem Bier auf dem Tisch wär´s auch gut gewesen, aber hier in der Kirche war´s so schlecht nun auch nicht. Der große und schön geschmückte Baum. Die Kerzen an den Kronleuchtern. Kirchen zu Weihnachten haben doch was, das musste er schon zugeben. Natürlich kannte er die Weihnachtsgeschichte. Er war ja nicht im Heidenland groß geworden, und die beiden vor der Predigt gesungenen Weihnachtslieder kannte er auch. Der Text aus der Bibel, den der Pastor vorlas, Predigttext, glaubte er gehört zu haben; der Text rauschte an ihm vorbei wie der Güterzug, während er am Bahnübergang darauf wartete, dass endlich die Schranken hoch gingen. Im Nachklapp hörte er noch das Wort von der, wie war das noch: *von der heilsamen Gnade, die allen Menschen erschienen war.* Was soll das denn sein? Christian Klahr fiel ihm ein, der RAF-Mann, den hatte Köhler doch begnadigt oder nicht, wie war das noch? Die Kirche war wirklich voll. Er guckte kurz nach links und nach rechts, viel konnte er im Halbdunkel der Kerzen nicht erkennen. Irgendwo hatte er gelesen, die Kirche sei im 12. Jahrhundert um das Jahr 1150 erbaut worden. Dann, er rechnete, war sie jetzt ca. 850 Jahre alt.

850 mal Weihnachten und wahrscheinlich jedes Mal die Kirche richtig voll. Irgendwie beeindruckte es ihn. Verschlissen hatte sich das Thema Weihnachten ja wohl nicht. Die letzten Monate waren so doll nicht gewesen. Insas Vater war verstorben. Und Insa fühlte sich im Testament übergangen. Mit ihrer Mutter und ihrem Bruder sprach sie nur noch das nötigste. Die Beziehung lag ziemlich auf Eis. Dabei mochte er sie beide. Schwiegermutter und Insas Bruder. Gerade mit ihm hatte er sich immer gut verstanden. Das Geld war noch nicht einmal das Entscheidende. Insa fühlte sich ihrem Bruder gegenüber zurück gesetzt. Sie war gekränkt. Und richtig reden konnte er mit ihr darüber auch nicht. Noch nicht. Er mochte diese Streitereien in der Familie überhaupt nicht. Lieber das Geld über die Wupper gehen lassen.

Seine beiden Jungs machten ihm Sorgen. Kamen nicht so richtig aus dem Quark. Hingen ständig vor dem PC, der X-Box oder dem Fernseher ab und taten für die Schule gleich Null. Ihre Tochter würde ihren Weg machen. Die war fleißig und ehrgeizig genug. „Aber irgendwie rückt sich das mit den Jungs auch zurecht, war doch immer so....“ Er holte diesen Satz immer wieder hervor und beruhigte sich damit, aber manchmal, wenn er ihre Faulheit sah...... dann war´s nicht mehr weit hin mit dieser Weisheit.

In der Firma hatten sie im Oktober 14 Tage Kurzarbeit angemeldet und einige jüngere Kollegen waren entlassen worden. Jede Meldung in der Zeitung, dass die Wirtschaft wieder im Kommen sei und spätestens 2010 wieder richtig anziehen würde, war ein echter Lichtblick. Insa hatte zum Glück ihren Job. Machte 20 Stunden. Wenn alle Stricke rissen, würden sie sich echt einschränken müssen. Die Schnelllebigkeit der Zeit quälte ihn: Schon wieder Weihnachten- wo ist das Jahr geblieben....? fragte er sich - kaum zu glauben, wie die Zeit raste. Und dann noch Kopenhagen. Klimakonferenz. Er wusste echt nicht, was er davon halten sollte. War das jetzt wirklich so schlimm mit dem Klima. Gab ja immer mal wieder einen, der das alles für eine große Blase hielt; aber wenn was dran war, dann war Kopenhagen ja wohl eher 'ne Katastrophe. Aber dass Länder wie China und Indien und andere, in denen die Wirtschaft jetzt richtig brummte und die Menschen sich endlich was leisten konnten... Frag mal einen chinesischen Bauern, der sich mit 50 sein 1. Auto leisten kann, was er vom Verzicht hält... Er war froh, das an Weihnachten alles mal hinter sich lassen zu können; obwohl .. wie der Besuch bei der Schwiegermutter und das Zusammentreffen zwischen Insa und ihrem Bruder ausgehen würde..., ob sie überhaupt hin sollten....? Er versuchte sich auf die Predigt zu konzentrieren. Der Pastor redete tatsächlich von der Gnade, *der heilsamen, die allen Menschen erschienen sei und die uns dazu erzieht, uns von der Gottlosigkeit und den irdischen Begierden loszusagen und besonnen, gerecht und fromm in dieser Welt zu leben, während wir auf die selige Erfüllung unserer Hoffnung warten: auf das Erscheinen der Herrlichkeit unseres großen Gottes und Retters Christus Jesus. Er hat sich für uns hingegeben, um uns von aller Schuld zu erlösen und sich ein reines Volk zu schaffen, das ihm als sein besonderes Eigentum gehört und voll Eifer danach strebt, das Gute zu tun.* „Der Bundespräsident oder Ministerpräsidenten können einen Menschen begnadigen. Sie tun das nach Aktenlage. Der Verurteilte bekommt seine Chance, sich wieder in die Gesellschaft eingliedern zu lassen. Dazu muss der Bundespräsident keinen persönlichen Kontakt zu dem Verurteilten haben. Er muss ihn nicht persönlich kennen, nicht mögen oder doch mögen. Es kann auch eher eine politische Entscheidung als eine rein menschliche sein, einen Menschen zu begnadigen... bei Gott ist das anderes. Wenn die Bibel von Gnade redet, dann...

Er beneidete die Menschen, die das alles so glauben konnten: Gott, Gnade, Bibel. Er konnte sich vorstellen, dass diese Menschen einen Halt im Leben hatten. Etwas, woran sie sich festhielten, wenn es ihnen nicht gut ging. Probleme in der Familie, auf der Arbeit, mit den Kindern und dem Klima und der schnelllebigen Zeit. Ob die sich immer bei Gott geborgen fühlten? Egal wie es ihnen ging? Das konnte er nicht glauben. Die würden sicher auch mal zweifeln. Und mal war der Glaube ein bisschen größer und mal war er kleiner - oder so. Und so richtig sortieren konnte er das mit dem Glauben sowieso nicht. In den Kindertagen hatten sie es ihm so erzählt, dass Gott Gesetze erlassen hatte. Die 10 Gebote, die mit dem Sonntag, dem Vaterunser, Ehebrechen und so weiter. Und die muss man halten und dann belohnt Gott dich. Mit Glück auf Erden und einem Leben im Himmel. Dem Paradies. Kirche hat was mit Benehmen zu tun. Mit Moral. Mit dem, was man tun darf und was man nicht tun darf. So hatte er das immer verstanden. Und dass die Menschen in die Kirche müssen. Und dass sie dazu keine Lust mehr haben... heute Abend sieht man das nicht unbedingt, aber nächsten Sonntag...

„Der politische Repräsentant begnadigt einen Verurteilten nach Aktenlage...", sagte der Pastor: „der muss den Verurteilten nicht persönlich kennen; wenn die Bibel von Gnade redet, dann gucken wir

Gott direkt ins Herz.... Gott schenkt seine Liebe umsonst - aus reiner Gnade, vielleicht sollte ich lieber aus reiner Güte sagen, weil sie, liebe Gemeinde, bei Gnade vielleicht so eine Gerichtsszene vor Augen haben, und wenn der Bundespräsident einen Verurteilten begnadigt, dann muss der in der Haft eine „gute Führung" gezeigt haben. Gott liebt sie ohne ihre gute Führung. Seine Güte soll die gute Führung ja erst bei ihnen bewirken. Seine Güte soll aus ihnen einen gütigen Menschen machen. Es ist wie bei der Liebe, hörte er den Pastoren weiter sagen..., die können sie sich auch nicht verdienen, die bekommen sie geschenkt. Die fällt ihnen einfach so zu. Er dachte an Insa neben ihm. Viele Jahre waren sie verheiratet, und er liebte sie immer noch. Na! Mal mehr, mal weniger. Wenn sie komisch drauf war, war das mit seiner Liebe gar nicht so einfach.. mit Gott ist das selbst bei der Liebe anders, ging die Predigt weiter: wir Menschen lieben das Schöne, das Angenehme am anderen; es fällt uns leichter einen anderen zu lieben, wenn der liebenswert ist... seltsam, das hatte er gerade eben noch von seiner Insa gedacht... Wenn sie komisch drauf war, konnte er sie nicht unbedingt in den Arm nehmen.

Gottes Liebe macht den Menschen erst schön. Gott liebt uns mit unseren unvollkommenen und unangenehmen Seiten. Seine Liebe, seine Güte macht aus uns andere Menschen... angenehmere... Er dachte daran, dass er manchmal richtig, aber richtig unangenehm sein konnte - auch Insa und den Kindern gegenüber. Hatte es auf der Arbeit Stress gegeben, dann gingen sie ihm besser aus dem Weg.

Und manchmal, einfach so aus heiterem Himmel, hatte er eine Laune zum Davonlaufen, dann fand er alles und jeden einfach zum .... Stand sich selbst im Weg und fand auch so schnell nicht aus dieser Laune wieder heraus.... Von dem, was er dann so Denken und sich Vorstellen konnte, wollte er hier in der Kirche lieber nicht weiter reden. Trotzdem sollte Gott, wenn es ihn denn gibt, ihn lieben? So liebenswert fand er sich selbst gar nicht. „Erschienen ist die heilsame Güte Gottes allen Menschen, um uns zu erziehen..." Durch seine Güte bewegt Gott uns, selbst gütig zu werden, weil wir begreifen, empfinden und glauben, dass Gott ein gütiger Gott ist; weil wir begreifen, empfinden und glauben, dass Gott ein liebender Gott ist, ein uns liebender Gott; darum werden wir selbst gütiger, liebevoller..... ist doch klar, wenn ich selbst mich geliebt, angenommen und wert geschätzt fühle, dann gehe ich ganz anderes mit mir selbst und meinen Mitmenschen um, als wenn ich unter Zwang und Druck stehe; wenn ich glauben kann, dass Gott gütig mit mir ist, mit mir - obwohl ich bin wie ich bin - dann kann ich doch auch eher gütig mit mir selbst und mit meinen Mitmenschen umgehen.... er musste sein Bild von Gott aus Kindertagen wohl revidieren.. Zwang fühlte sich anders an. Güte und Liebe und Zwang und Druck passten nicht zusammen... Gott will die Menschen für sich gewinnen...darum ist er Mensch geworden - ein kleines Kind - *erschienen ist die heilsame Gnade* ist nichts anderes als Gottes Sohn Jesus Christus als kleines Kind bei Mama Maria an der Brust, in der Krippe, bei Joseph auf dem Arm - im Stall zu Bethlehem. Gott will uns Menschen für sich gewinnen, damit wir durch seine Güte, durch seine Liebe heil werden... heil, sagt ja heute noch kaum jemand.. gesund- seelisch in Ordnung. Der Glaube tut uns gut. Er hatte mittlerweile Futter genug zum Nachdenken. Die Predigt könnte hier aufhören, dachte er. Güte und Liebe. Mal sehen, wie das über Weihnachten trägt. Erst in Ruhe mit Insa reden, wie sie die Predigt gehört hatte und dann über den Besuch bei der Schwiegermutter und dem Treffen mit ihrem Bruder und seiner Familie. Auch was die Jungs anging.... aber Güte und Liebe konnte nun ja wohl nicht bedeuten, sie einfach ihre Faulheit leben zu lassen; aber wie darauf reagieren, das war schon entscheidend. Er war nicht vom Saulus zum Paulus bekehrt und würde in nächster Zeit nicht nur Weihnachtslieder singen, aber nachdenklich war er doch geworden über Gott, seine Güte, seine Liebe und sein Leben, was es bedeuten könnte...... Zu Hause angekommen, war noch Glut im Ofen. Er machte die Kerzen am Baum noch mal an, holte sich ein Bier und fing sein Gespräch mit Insa an: „Gut, dass Du mich in die Kirche gelotst hast - war gar nicht schlecht.....sag mal...die Predigt.....wie hast Du sie gehört?“ Amen

Lukas 21, 25-33: „Kopf hoch....“

„Kopf hoch...“. Mit 4 Männern liegen sie auf ihrem Zimmer im Krankenhaus. Eigentlich einer zuviel. Die Krankheiten häufen sich im November. Die Zimmer sind überbelegt. Darum jetzt zu viert. Jeder ist bei seiner eigenen Krankheit. Sie reden drüber. Versuchen sich gegenseitig zu trösten.

Sie machen sich gegenseitig Mut. Jetzt in einer stillen Minute - hängt jeder seinen Gedanken nach.

Jeder ist bei sich und seinem Leiden. Jeder hat eine OP hinter sich. Der eine eine zweite vor sich. Jeder hat seine eigenen Sorgen. Alle 4 wollen sie schnell nach Haus. Schnell wieder auf die Beine kommen. Ihre Gesundheit wieder haben. Er doktert jetzt schon eine Weile herum. Von einem Arzt zum anderen ist er gelaufen. Jetzt liegt er hier. Mit seinen Sorgen und Zweifel: „Hoffentlich wird’s dieses Mal besser“. Die Tür geht auf. Eine junge, fröhliche Krankenschwester steckt ihren Kopf durch die Tür: „Alles wird gut“. Sie hat sein besorgtes Gesicht gesehen, darum: „Alles wird gut“.

Dieser kleine Satz tut ihm gut. Für einen Moment hellt sich seine Seele auf. Er will es ihr gerne glauben, dass es gut wird. Mit ihm. Mit seiner Gesundheit. Er richtet sich auf in seinem Bett und guckt ihr freundlich in die Augen und so lange sie im Zimmer ist, verlässt ihn diese Hoffnung nicht, aber er weiß: „Ich brauche etwas Tieferes. Mehr als den Satz: Das alles gut wird“.

„Kopf hoch..." Sie sitzt vor ihm. Erzählt ihre Lebensgeschichte. Es sprudelt nur so aus ihr heraus. Er muss nur zuhören. Ab und an stellt er eine Frage. Ab und an lenkt er ihre Gedanken zurück in die richtige Bahnen. Mehr muss er nicht tun. Erst nicht. Nur zuhören. Ihr ist so ziemlich alles schief gelaufen, was schief laufen kann. Angefangen bei den Eltern. Mehr bei der Mutter als beim Vater. Ihr konnte sie es kaum recht machen. Das Lernen viel ihr schwer. Die Note in der Ausbildung war nicht eben toll. Sie heiratet früh. Schnell kommt das erste Kind. Mit der Zeit streitet sie sich mehr mit ihrem Mann als ihnen beiden gut tut. Sie zerreiben ihre Liebe so lange zwischen ihren Streitigkeiten bis sie erloschen ist. Sie brauchte jemanden zum Reden. Jetzt sitzt sie vor ihm und erzählt. Sie hat das Gefühl, nichts mehr wert zu sein. Alles falsch gemacht zu haben. Sie denkt nur noch negativ von sich. Ihr Selbstbewusstsein ist am Boden. Er hört ihr zu und sucht nach einem Faden, den er greifen kann. Er will ihr Mut; er will sie wieder stark machen. Sie hat von ihrer Tochter erzählt. Von ihrem guten Verhältnis. Da setzt er an. Zeigt ihr, was sie ihrer Tochter bedeutet.

Wie sehr sie gebraucht wird. Wie wichtig sie für ihre Tochter ist - lebenswichtig. Jetzt ist sie es, die zuhört. Seine Worte richten sie auf. Es war ihr aus dem Blick geraten. Sie hatte ihre guten Seiten total ausgeblendet und es wird Zeit, dass sie wieder zum Vorschein kommen. Als sie aus seinem Zimmer geht, kann er sehen, dass sie sich innerlich aufgerichtet hat. Er wünscht Ihr, dass sie für sich das entdeckt, was sie mehr aufrichten wird als seine guten Worte.

„Kopf hoch....". Er hatte viel gearbeitet. Ein Termin hatte den anderen nur so vor sich hergetrieben. Alles auf die Schnelle. Immer in Hetze. Auto. Telefon. SMS. Email. Sitzung hier und Sitzung da. Protokolle lesen. Vorbereiten. Unvorbereitet dastehen will er nicht. Auf dem falschen Fuß erwischt zu werden, ist ihm ein Gräuel. Unter der vielen Arbeit verliert er sich selbst aus den Augen. Seine Familie dazu. Er versucht, sich freie Zeiten einzurichten. Aber selbst seine freie Zeit wird ihm eine gehetzte. Er kann nicht anders. Nicht mehr anders. Der Stress verselbstständigt sich in seinem Kopf, und er merkt immer deutlicher, wie er sich dabei selbst verliert. Er hofft auf den Urlaub. Auf ein totales Abschalten. Im letzten Monat vor den Ferien lebt er auf den Urlaub hin wie ein Verdurstender auf Wasser. Er merkt, wie ihn das Interesse, wie ihn seine Begeisterung für das verlässt, was ihm sonst Lebenselixier gewesen ist. Er muss sich in den Urlaub retten, sich von diesem Druck erlösen. Es geht auch. Es funktioniert. Anfangs schwer, aber nach einer Woche findet er immer besser in den Urlaub hinein. Er glaubt schon, von seinen Problemen erlöst zu sein. Glaubt, nach dem Urlaub wie gewohnt durchstarten zu können. Mit neuem Elan und erfrischter Begeisterung. Nach 2 Wochen Arbeit steht er wieder da, wo er vor dem Urlaub aufgehört hat. Ausgebrannt - so fährt er zu einer Fortbildung. Es gibt einige gute Vorträge zu hören. Es ist vieles Gutes, Nachdenkenswertes dabei. Bei einem fängt er Feuer. Thema und Referent begeistern ihn. Es rührt ihn an. Er spürt, wie er wieder

Feuer fängt. Seine Müdigkeit ist wie weg geblasen.

Der richtige Mensch mit dem richtigen Wort erreicht mehr als 3 Wochen Urlaub. Er fühlt sich innerlich wie äußerlich wieder stark gemacht. So fährt er nach Haus. Er hat eine gute Zeit und wünscht sich nichts sehnlicher als das sie anhält. Andauert.

„Kopf hoch..." Er lässt sich leicht beeindrucken. Er zieht die schlechten Nachrichten an wie das Licht die Motte. Das Glas ist für ihn immer eher halb leer als halb voll. Bei dem, was er im Fernseher sieht, was er in der Zeitung liest; bei dem, was er selbst mit Menschen erlebt, ist ihm klar: Die Welt ist schlecht. Die Menschen auch. Sie waren es und werden es immer sein. Jeder will ihm ans Leder und eher noch an sein Portmonee. Aufpassen muss er wie ein Luchs. Nein, früher war nichts besser; die guten alten Zeiten sind es nicht gewesen und jetzt ist nichts gut und Gutes wird auch nicht mehr kommen. Alles düster. Leicht lebt es sich so nicht. Er weiß es. Will raus aus dieser Schiene. Er braucht 'ne andere Sicht. Der Kopf muss höher. Der Blick muss weiter. Aber wie? „Kopf hoch.....". „Steht auf. Erhebt Eure Häupter, weil sich Eure Erlösung naht".

Er sitzt in der Kirche. Es ist Gottesdienst. Er hört den Predigttext. „Steht auf, wenn Ihr Schalker seid", fällt ihm ein, „Das ganze Stadion hat gesungen. Wahnsinns- Atmosphäre". Er lächelt in sich hinein, dann ist der Gedanke auch wieder weg. „Steh auf. Kopf hoch. Denn deine Erlösung ist nahe". Der Pastor beginnt seine Predigt. Erzählt von Christen vor langer, langer Zeit. Sie haben einen schweren Stand, damals, weil alle gegen sie sind und sie nur eine kleine Gruppe. Sie lassen den Kopf hängen, sagt er, deshalb dieser Satz im Evangelium des Lukas: „Steht auf. Erhebt Eure Häupter; denn Eure Erlösung ist nahe". Lukas macht ihnen Mut damals. Für ihn ist das eher weit weg, was der Pastor erzählte. „Schwerer Stand", das ist nicht sein Problem: „Schwere Sicht", das schon eher. „Sie lassen den Kopf hängen und beschäftigen sich mehr mit sich selbst als mit Christus", geht die Predigt weiter. Da ist er ganz Ohr. „Wer den Kopf hängen lässt, der hat einen kleinen Radius. Der sieht seine Füße, einen Teil seiner Beine. Wer dazu noch sitzt. Ist wirklich -im wahrsten Sinn des Wortes- in sich zusammen gesunken. Der kreist nur noch um sich selbst. Um seine Sorgen, um seine Ängste, um seine Zukunft, um seine kleine Welt. Der bekommt den Blick nicht mehr frei. Der ist in sich selbst gefangen. In seiner eigenen Welt. Gefangen. Er hört aufmerksam zu: Der Pastor entwirft eine andere Perspektive. „Steh auf. Kopf hoch. Denn Deine Erlösung ist nahe". Er erzählt von Jesus Christus. Sagt, dass Du Jesus so verstehen musst, dass in ihm Gott nach seinen Menschen, nach Dir sucht, weil er Dich erlösen will - ja genau: Von deinen Sorge um dich selbst - du machst Dir doch Gedanken genug - ob Du zurecht kommst mit deinem Leben - was sie wohl von Dir denken, die anderen; ob Du nicht was Entscheidendes verpasst, in deinem Leben - in Jesus sucht Gott Dich, der Du deinen Kopf hängen lässt. Weil Du selbst krank bist oder einer Deiner Lieben, weil Du keinen Mut mehr hast, weil Du einfach zuviel arbeitest und Dich dabei verlierst, weil du die Welt nur noch düster siehst und Dich mehr mit dir selbst beschäftigst als dir überhaupt gut tut. Erlösung, sagt der Pastor, passiert so, dass Du immer mehr unter den Einfluss Jesu kommst und dich selbst und die Welt immer mehr mit seinen Augen siehst.

„Einfluss Jesu", was soll das sein, denkt er und hört eben noch, wie vorne das Stichwort *Kind Gottes* fällt - „Erlösung ist ein Weg. Und der Weg geht so, dass Du Dich mehr und mehr als Kind Gottes entdeckst. Das ist die neue Beziehung zu Gott, die Jesus uns gebracht hat - Gott ist unser, ist Dein Vater, sagt Jesus - und wir sind seine Kinder, Du bist sein Kind. Das ist Deine wahre, deine geistliche Identität. Die ist bloß nicht mit einem Mal da - nicht schwups und alles ist anders - in diese geistliche Identität musst Du dich einüben - und das machst Du am besten so, dass Du diesen Gedanken in dir leben lässt und wach hältst. Im Krankenzimmer, beim Selbstwertgefühl - auf der Arbeit, in der Schule - Du bist, was Du wirklich bist - *Gottes Kind - Gottes geliebtes Kind.* Die Erde, die Welt wird Dir, was sie wirklich ist - von Gott geschaffen - die Menschen um dich herum, sind was sie sind - von Gott geliebte Menschen - Kopf hoch - steht auf, erhebt Eure Häupter - lernt es, lerne es, Euch selbst, dich selbst, die Erde, die Welt mit Gottes Augen zu sehen - die Erlösung ist lange schon da - sie wartet auf uns. Auf Dich, sie wartet darauf, von Dir gelebt zu werden. Amen

Tröstliches - Predigten zum Ewigkeitssonntag

Jesaja 65, 17- 25: Ein Jahr danach

„Von Gottes Trost will ich reden. Ich will euch den Gott lieb machen, der tröstet. Gott tröstet. Keine und keiner soll ungetröstet aus dieser Kirche gehen." Ein Jahr nach dem plötzlichen Tod ihres Mannes sitzt sie im Gottesdienst. Und hört diese Worte. Es ist Ewigkeitssonntag. Totensonntag.

Dass dieser Sonntag zwei Namen hat, war ihr vorher gar nicht klar. Der Name ihres Mannes wird in diesem Gottesdienst verlesen, darum ist sie hier. Und sie will getröstet werden. Anders aus dem Gottesdienst herausgehen als sie her gekommen ist. Sie will den Faden in die Hand bekommen, den der Pastor mit seinen ersten Worten in den Raum geworfen hat. „Gott tröstet". Trost. „Wie gut hat das getan als meine Freundin kam, mich in den Arm nahm. Ich konnte mich einfach anlehnen." Denkt sie. Der Schock seines Todes hatte ihr den Boden unter den Füßen weg gezogen. Ihre Freundin hatte sie in den Armen gehalten. Starr vor Entsetzten hatte sie zuerst nicht weinen können, jetzt waren ihr die Tränen nur so gelaufen. Gezittert hatte Sie vor Kälte, jetzt - in den Armen ihrer Freundin - spürte sie Wärme; sie spürte das Leben angesichts des Todes. „Gott tröstet", sie wurde Gott dankbar, dass es Menschen gab in ihrem Leben wie ihre Freundin. Und sie hatte erzählt, immer und immer wieder. Von seinen letzten Augenblicken. Wie sie gerade eben noch gemeinsam gefrühstückt hatten, wie sie nach draußen gegangen war, einen kurzen Augenblick nur. Und wie sie wieder rein gegangen war ins Haus und ihn in seinem Stuhl sitzend gefunden hatte. Sofort hatte sie den Rettungsdienst angerufen. Sie waren schnell da gewesen. Und hatten sich gemüht, ihn ins Leben zurück zu holen. Ihn für sie zu bewahren. Es war ihnen nicht gelungen. Sie musste sich diese Situation von der Seele reden; ihr Entsetzen und ihren Schrecken erzählen, einem anderen mitteilen.

Und sie hatte direkt gespürt, wie dieser unglaubliche Druck von ihr gewichen war und die Starre des Entsetzens sich gelöst hatte. Einer nach dem anderen war ins Haus gekommen und immer wieder hatte sie diese eine Szene erzählt, seinen Tod. Und bald waren sie dazu über gegangen, mehr zu erzählen, Geschichten. Ganz einfach das, was sie mit ihm erlebt hatte. Geschichten, die soviel ausmachten; die sein Bild erstehen ließen und ihr noch einmal und immer wieder deutlich machten, wie sie ihn und was sie an ihm geliebt hatte. Sein Lachen, seine Scherze, seine Nachdenklichkeit, sein Wesen. Und später als sie gemeinsam mit dem Pastoren seine Beerdigung vorbereitet hatte, war sie die Stationen ihres gemeinsamen Lebens durchgegangen. Und heute spürte sie wie damals, wie ihre Tränen sie behindert hatten bei ihren Versuchen, von ihm zu reden und ihre Stimme erstickt hatte. Erst mit der Zeit war ihr das Reden leichter geworden. Aber es war einfach gut gewesen, von ihm zu erzählen - auch unter Tränen. Und wieviel hatte sie geweint, vor allem dann, wenn sie mit sich allein gewesen war. Wie Wellen waren ihre Erinnerungen und ihre Tränen über ihre Seele gerollt und hatten ihren unbändigen Schmerz von ihrer Seele gespült. Leichter war es geworden, an ihn zu denken, von ihm zu erzählen. Immer ein wenig freier war sie in ihrer Trauer geworden. „Gott tröstet". Sie wurde Gott dankbar, dass es ihn in ihrem Leben gegeben hatte.

Sie konnte ihm jede einzelne Situation, jede Szene mit ihm danken. Sie erinnerte ein Wort, das ihr jemand auf eine Karte geschrieben hatte, es war von Dietrich Bonhoeffer gewesen. Sie hatte es sich fein sauber abgeschrieben, in einen Rahmen getan und den Rahmen auf ihren Nachtschrank gestellt.

Sie konnte diese Worte auswendig zitieren: „E*s gibt nichts, was uns die Abwesenheit eines uns lieben Menschen ersetzen kann und man soll das auch gar nicht versuchen; man muss es einfach aushalten und durchhalten; das klingt zunächst sehr hart; aber es ist zugleich ein großer Trost; denn indem die Lücke wirklich unausgefüllt bleibt, bleibt man durch sie miteinander verbunden.*

Es ist verkehrt, wenn man sagt: Gott füllt die Lücke aus; er füllt sie gar nicht aus, er hält sie gerade unausgefüllt und hilft uns dadurch, unsere echte Gemeinschaft, wenn auch unter Schmerzen- zu bewahren. Je schöner und voller die Erinnerungen; desto schwerer die Trennung. Aber die Dankbarkeit verwandelt die Qual der Erinnerung in eine stille Freude. Man trägt das vergangene Schöne nicht wie einen Stachel, sondern wie ein kostbares Geschenk in sich.

Menschen hatten ihr geschrieben. Karten mit Sprüchen darauf, wie den von Bonhoeffer. Karten, auf denen Menschen ihre eigenen Erfahrungen mit dem Tod beschrieben hatten. Sie hatte lesen können, wie andere Menschen ihr das Herz geöffnet hatten. Sie hatte Gedanken und Erfahrungen von Menschen gelesen und gespürt: Diese Worte sind geschrieben, um mich zu trösten; um mir Halt zu geben. Um mich am Leben zu erhalten und mir die Hoffnung zu bewahren. Noch heute wunderte sie sich, wie viele Menschen an sie gedacht hatten. Sie hatte das nicht erwartet. Und bald hatte sie einen Umschlag nach dem anderen geöffnet; richtig begierig darauf zu lesen, was andere ihr schrieben. Und auf wie vielen Karten hatte sie den Satz gelesen: „Wir beten für Dich". Es hatte ihr gut getan. Sie fühlte sich von den Worten und Gebeten getragen. „Gott tröstet". Damals hatte sie sich über die vielen Menschen gewundert, die an sie dachten; heute konnte sie sich darüber freuen. Sie saß in der Kirche und spürte, wie diese Freude ihr das Herz wärmte. Und wie das Gefühl der Dankbarkeit Gott gegenüber sich in ihr ausbreitete. Ihre Familie, die Nachbarn waren sofort zur Stelle gewesen und hatten ihr die nötige Arbeit abgenommen. Sie selbst war wie gelähmt gewesen. Sie registrierte es dankbar, wie viele helfende Hände für sie dar gewesen waren. „Trauer fesselt Dich an die Vergangenheit", hörte sie den Pastoren sagen. Sie wusste sofort, was er meinte: Ihre Trauer hatte sie an ihren Mann gebunden. An die Zeit mit ihm. Immer wieder, tags wie nachts, vor allem dann, wenn Sie mit sich allein gewesen war, waren ihre Gedanken zu ihm zurück gekehrt. Und immer war es schmerzlich gewesen. Die Zukunft war ihr abhanden gekommen. Sie hatte kaum aus Ihrer Trauer herausgefunden und es war ein hartes Stück Arbeit gewesen und war es noch. Ein Prozess. Ein Reden und Weinen. Ein Loslassen. Ihn, Ihren Mann, die Zeit mit ihm, loslassen. Das Gefühl in ihr hatte sich gewandelt. Sie hatte ihre Augen wieder öffnen können, für die Welt um sich herum; für die Menschen in ihrer Nähe; sie hatte zurück gefunden ins Leben. Für sie war das kein leichter Weg gewesen, dafür hatte sie ihn zu sehr geliebt. „Gott tröstet". Sie hatte aus dem Tal ihrer Tränen herausgefunden. Sie hielt wieder ein Stück Zukunft in der Hand. Im Stillen dankte sie Gott, dass er es sie hatte gelingen lassen. Mit der Zeit war ihr auch klar geworden, dass ihre Trauer um ihren Mann sie vom Leben abgeschnitten hatte. Sie hatte sich zurück gezogen. Wollte keinem zu Last fallen. Wollte ihre Geschichten nicht zum 1000 mal erzählen. Und so war es still geworden um sie herum. Und auch hier. Sie sah die Menschen vor sich, die immer wieder angeklopft hatten, die ihr die Hand gereicht hatten. Sie wurde eingeladen. Und jetzt hier im Gottesdienst war sie diesen Menschen dankbar, dass sie nicht nachgelassen hatten in ihren Bemühungen, sie ins Leben zurück zu bringen. „Trauer macht einsam, Trost führt in die Gemeinschaft mit Menschen, mit Gott", für sie waren diese Worte mit Leben, mit Erfahrung gesättigt. Sie nickte stumm ihren Kopf. „Gott tröstet".

Einige Wochen nachdem er verstorben war, hatte sie sich gefragt: „Was genau betrauere ich eigentlich?“ Sie hatte ihn geliebt. Er fehlte ihr. Sie hatten sich wunderbar ergänzt. Die Zeit mit ihm war schön gewesen. Jetzt war sie einsam. Sie betrauerte sich selbst. Zwei Tage vor seinem Tod hatte es eine hässliche Szene zwischen ihnen gegeben. Beide hatten sie diesen Vorfall weg geschwiegen. Sein Tod hatte ein endgültiges Schweigen daraus gemacht. Dies hatte sie lange gequält. Trotz unserer Liebe hätten wir vieles anders machen müssen. Oft hatte sie in diesem Jahr an seinem Grab gestanden und dies mit ihm besprochen. Sensibler war sie geworden seit seinem Tod. Sensibler für das Leben überhaupt. Offener für die Probleme und das Leid anderer Menschen.

Solange sie beide sich gehabt hatten, hatten sie sich genügt. Waren sie sich genug gewesen. Das war jetzt anders. Sie sah das Leben anders. Sie hörte anders hin. „Der Glaube findet sich nicht ab mit den Realitäten der Welt; der Glaube sieht Leben, wo der Tod regiert; der Glaube sieht die Liebe, wo der Hass und die Stummheit dominiert. Der Glaube sieht ein Licht, auch wenn es rund herum dunkel ist“. Diese Worte hatten ihr noch gefehlt, um ihrer Sensibilität und Offenheit für die Probleme anderer Menschen eine Perspektive, um sich selbst eine Hoffnung zu geben. So witzig, freundlich ihr Mann gewesen war; stets zu einem Scherz in der Lage; aber er war auch schnell gekränkt gewesen; fühlte sich benachteiligt; leicht und schnell vom Leben bestraft und schaffte es dann nicht, über seinen Schatten zu springen. Wie lange hatte er mit seinem Arbeitskollegen nur noch das Nötige geredet. Gottes Wille war das nicht, sie weiß es jetzt.

„Gott tröstet“. Sie sieht die Menschen, die sie getröstet, die ihr in schweren Tagen geholfen und dazu beigetragen haben, dass sie ins Leben zurück gefunden hat. Sie sieht diese Menschen als das, was sie sind: Helfer, die Gott ihr geschickt hat. Sie hört die Worte, die sie getröstet haben als das, was sie sind: Worte, die Gott zu ihr gesprochen hat. Sie empfindet die Kraft, die sie in dieser Zeit verspürt hat als das, was sie ist: Kraft, mit der Gott ihr unter die Arme gegriffen und sie getragen hat. Es ist, als ob ein Blitz der Erkenntnis sie durchzuckt: Sie sieht sich, ihr Leben, im Horizont der Liebe Gottes. Sie fühlt, wie dieses Gefühl der Liebe Gottes durch ihren Körper flutet. Sie wird diesen Gottesdienst anders verlassen, das weiß sie. Getröstet, getragen. Geborgen.

Es hat ein Jahr gebraucht, um Gott seine Liebe zu glauben - trotz alledem. Aber jetzt weiß sie, die Liebe Gottes, des Vaters Jesu Christi, die Liebe des Gottes, der selbst um seinen Sohn trauerte, diese Liebe ist bei ihr angekommen.

Sie hört noch die Worte des Predigttextes: „Denn siehe ich will einen neuen Himmel und eine neue Erde schaffen, dass man der vorherigen nicht gedenken und sie nicht mehr zu Herzen nehmen wird, die Stimme des Weinens und des Klagens soll man nicht mehr hören“. Und Sie versteht sofort: Das ist das Ziel der Liebe Gottes mit mir: Ich werde in seiner neuen Welt in seiner Nähe leben. Das ist die Hoffnung, die sie tragen wird. Amen

2. Petrus 3, 8-13: Glaube, der Boden, auf dem die Hoffnung wächst

Wie muss der Boden sein, auf dem die Pflanze Hoffnung wachsen kann? Irgendwie hoffen wir ja immer. Hängen uns an jeden Strohhalm. Hoffen bis zum letzten Augenblick. Natürlich gibt es sie, die Realisten. „Hoffen und Harren macht manchen zum Narren", sagen sie und meinen, dass die Hoffenden der Realität nicht ins Auge sehen wollen und an der Wirklichkeit vorbei leben. Aber was ist das Leben ohne Hoffnung?

Er ist jung als er seinen Stellungsbefehl in der Hand hält. Gerade hat er die Frau seines Lebens für sich erobert. Ihre Liebe macht sein Herz hell und sein Leben reich und weit. Sie beide träumen vom eigenen Haus, den Kindern, vom gemeinsamen Leben; beide sind sie von Hoffnung erfüllt, als der Befehl ihn in den Krieg führt und mit der Zeit in eine Welt, die der Liebe und der Hoffnung kaum eine Chance lässt. Auch wenn die Siege der eigenen Armee zuerst eine positive Stimmung verbreiten; das eigne Leben ist ständig in Gefahr und später -nach den verheerenden Verlusten kriecht die Depression in alle Heeresteile und erfasst das ganze Volk. Die Welt scheint unterzugehen, Verzweiflung ist der Boden, auf dem die Pflanze Hoffnung bescheiden wächst; aber Sehnsucht macht sich breit, Sehnsucht nach einem heilen Leben, nach seiner Liebe zu Hause, die Sehnsucht danach, die eigene Haut retten zu können.

Resignation und Depression lässt machen an Gott und Mensch verzweifeln und jede Hoffnung auf eine bessere Zeit begraben. Die Realisten sehen was ist und verlieren sich in dem Bösen ihrer Zeit. Sie stumpfen ab, lassen alle Hoffnungen fahren und begraben ihren Glauben an eine bessere Zeit. Er kann sich seine Hoffnungen bewahren. Um ihn herum tobt der Krieg, die Welt ist aus ihren Fugen geraten, die Menschen verrohen und die Worte Hoffnung und Liebe scheinen aus jedem Wörterbuch gestrichen; aber er trägt den Glauben an eine bessere Welt in sich und lässt ihn sich nicht nehmen. Er will den Gedanken nicht an sich heran lassen, dass Gott seine Erde aus der Hand gegeben haben könnte. Er will es sich nicht nehmen lassen, dass bessere Zeiten kommen. Zeiten des Friedens und des Glücks. Eine Zeit, in der er mit der Liebe seines Lebens diese Liebe auch leben kann. Er glaubt gegen jeden Augenschein. Seine Hoffnung trägt ihn durch diese schwere Zeit. Mitten in der dunklen Welt leuchtet ihm ein Licht. Mitten in der Welt des Todes sieht er das Leben. In einer Welt, in der der Teufel los ist, kann er glauben, dass trotz allem, Gott am Werk ist.

Von zu Hause hat er das. Von Mutter und Vater. Sie haben es ihm vorgelebt und es hat sich ihm tief eingeprägt. Ist Teil seines Lebens geworden. Und trägt ihn jetzt durch diese Zeit. Bewahrt ihn davor zu resignieren; bewahrt ihn davor, sein Leben aus Verzweiflung aufs Spiel zu setzen. Er kommt nach Haus. Er kann sein Leben noch einmal beginnen. Er lebt auf. Zusammen mit der Liebe seines Lebens. Sie gründen ihre Familie.

Gott hat ihn für das Leben, seine Frau und alles, was folgt aufbewahrt - dies prägt sich ihm noch einmal tiefer ein. Und es macht ihn dankbar, dass er sich seine Hoffnung auf ein besseres Leben, eine bessere Welt bewahren konnte - dankbar gegen Gott. Sein Glaube war ihm der Boden, auf dem seine Hoffnung gedeihen konnte.

Später wird seine Frau krank. Unheilbar wie sich mit der Zeit herausstellt. Sie wird ein Pflegefall. Er kümmert sich aufopferungsvoll um sie und ist rührend darum bemüht, es ihr unter ihren Umständen so leicht wie möglich zu machen. Sie ist die Frau seiner Sehnsucht in den Zeiten des Krieges. Sie ist die, zu der er zurück kehren durfte. Die Mutter seiner Kinder. Gemeinsam sind sie durch die Zeiten gegangen. Die Bilder vergangener glücklicher Tage leben in ihm und stehen ihm vor seiner Seele, während sie körperlich wie geistig verfällt.

Zu Beginn ihrer Krankheit sind sie beide von der Hoffnung auf Besserung erfüllt; aber er hat bald akzeptieren müssen, dass sich diese Hoffnung nicht erfüllen kann. Er hat daran gelitten und schwer getragen, aber er hat nicht resigniert und sich der Verzweiflung überlassen; dazu hatte sich sein Glauben zu tief eingegraben, dazu war Gott ein zu großer Bestandteil seines Lebens. Dazu lebt die Hoffnung zu tief in ihm, dass Gott eines Tages alles neu machen würde - Himmel und Erde und seine Frau. Eines Tages wird das Leid dieser Welt überwunden sein. Gott wird den verfallenen Körper seiner geliebten Frau in seine Hände nehmen und neu machen. Er glaubt es einfach und er glaubt es tief. Und dieser Glaube ist der Boden, auf dem seine Hoffnung gedeiht. Ihre Pflege über die Jahre hinweg hat an seinen Kräften gezerrt. Aber es schmerzt ihn sehr, als er sie mit ihrem Tod aus seiner Hand geben muss; Trost findet er in seinem Glauben daran, dass Jesus Christus den Tod durchbrochen hatte, weil Gott ihn von den Toten auferweckt hatte. Für ihn ist das genau der Gott, der ihn in den Zeiten des Krieges für das Leben und seine Frau bewahrt hatte. Und in diesem Glauben an ihn beerdigt er die Liebe seines Lebens.

Isolation steht an der Tür seines Zimmers im Krankenhaus. Ein Krankenhauskeim macht ihm das Leben noch schwerer als es durch seine Krankheiten sowieso schon ist. Das weiß ich aber erst, nachdem ich die Schwester frage, die gerade an seiner Tür vorbei kommt. „Kann ich da hinein und welche Vorsichtsmaßnahmen muss ich treffen“, frage ich sie. „Wer sind Sie denn“, fragt sie zurück. „Der Pastor aus seiner Gemeinde“, antworte ich. „Das trifft sich ja wunderbar. Ich wollte sie schon anrufen. Der Herr ... möchte unbedingt das Abendmahl einnehmen“. Ich treffe meine Vorsichtsmaßnahmen und gehe zu ihm. Wir beide unterhalten uns. „Ich will zu dem Gott, der mich liebt. Zum liebenden Vater im Himmel“, sagt er. Wir beide feiern das Abendmahl. Beten zusammen, und ich segne ihn im Namen des Vaters, der ihn bewahrt hat bis auf den Tag als wir beide Abendmahl feiern. Im Namen seines Sohnes, Jesus Christus, der für ihn wie für mich gestorben ist und durch den wir wissen, dass Gott mit seiner unglaublich tiefen Liebe nach uns sucht und im Namen des Heiligen Geistes, der ihn vom Leben durch den Tod zum Leben bei Gott tragen wird.

Unser Glaube ist der gute Boden, auf dem unsere Hoffnung wächst und gedeiht. Eine Hoffnung, die uns tiefer und mehr sehen lässt als das, was wir mit den Augen wahrnehmen. Wir haben die Hoffnung, die uns sagt, dass Gott seine Welt und unser Leben in seiner Hand hat. Unser Glaube ist der Boden, auf dem unsere Hoffnung wächst, dass Krankheiten, Leiden, Ungerechtigkeiten und der Tod nicht das letzte Wort haben. „Hoffen und Harren macht manchen zum Narren“. Das mag sein. Aber ein Narr Gottes. Ein Narr der Hoffnung bin ich zu gerne; einer der wie er darauf hofft, dass Gott eines Tages Himmel und Erde neu machen wird. Einen Himmel und Erde, in denen die Gerechtigkeit wohnt. So sagt es der Predigttext für heute. Es lohnt sich, im Glauben auf diese Gerechtigkeit Gottes hin zu leben. Amen

Aktion und Kontemplation - ungleiche Zwillinge 3 Versuche

Lukas 10, 38 - 42: „Nutze den Augenblick“ 1. Versuch

Sie erwischt einen dieser Momente, in denen das Herz eher und schneller weiß, was zu tun ist als der Kopf, viel schneller. Es könnte sogar sein, dass der Kopf nachher fragt: „Was haben wir da eigentlich gemacht? War das korrekt? Sind wir nicht zu weit gegangen?“ Der Kopf zweifelt, aber das Herz weiß: „Es war richtig“. Sie erwischt einen dieser Momente, von denen es so viele im Leben nicht gibt. Sie folgt ihrem Impuls und erlebt einen Moment höchster Intensität. Voller Leben, voller Sinn, voller Liebe und voller Wärme.

Sie nehmen Ihr Kind in den Arm und drücken es. Fest. Einfach so, weil Ihnen danach ist. Sie gucken Ihrem Mann bewusst und tief in die Augen, sagen ihm, dass Sie ihn lieben. Einfach so, weil das Gefühl in Ihnen aufsteigt. Sie setzen sich der alten Mutter gegenüber, nehmen ihre Hände: „Danke für alles, was Du mir ermöglicht, gezeigt und an Liebe geschenkt hast.“ Einfach so, weil Ihnen bewusst ist, was sie Ihnen bedeutet. Sie stehen vor der versammelten inneren Familie zu ihren Fehlern und bitten um Vergebung: „Es war lang nicht alles gut, was ich getan habe, tut mir Leid.“ Sie sagen das, einfach so, weil es schon lange in Ihnen lebt und gesagt werden muss. Sie schaffen und erleben einen dieser Momente, in denen Sie ganz bei sich sind; tun, was in Ihnen lebt, und sind dem anderen so nahe wie sonst selten. Sie sprechen von Herz zu Herz. Es könnte dazu kommen, dass Ihre und des anderen Tränen zeigen, wie tief Worte und Gesten an der Seele rühren. Ihre Seele weint. Das ist nicht schlimm. Das ist gut. Ihre Tränen bewässern den Boden, auf dem Neues wachsen wird.

Sie erwischt einer dieser Momente, in denen etwas aufbrechen will. Sie verändern will. Neu und anders soll es werden. Einer dieser Momente, von denen es so viele im Leben nicht gibt, in denen etwas aus den Tiefenschichten Ihrer Seele ans Licht will. Etwas, was schon lange in ihr lebt. Und wonach sie sich sehnt.

Kennen Sie dieses Gefühl wie sie: Dem Leben auf der Spur zu sein. Wissen: Da ist noch was. Dem Leben, aber auch: Mir selbst auf der Spur; ich zu dem unterwegs, der ich sein soll. In diesen Momenten musst Du ganz offen sein für das, was Dir geschieht. Was Du hörst, siehst oder fühlst. Dich mitnehmen lassen. Dem Impuls nachgeben. Nur nicht verschließen.

Nicht weghören und wegschauen. Nur nicht. Gott arbeitet an Dir. Nein. Es ist überhaupt nicht gesagt, dass das nur schöne und leichte Momente sind. Sie können schwer, schmerzlich und tränenreich sein. Weil Dir klar wird, dass Du lange auf der falschen Spur warst und viele Chancen vertan hast. Weil Dir deutlich ist, mit einem Mal, dass Du am Leben vorbei lebst. Weil Dir bewusst ist: Du hast Dich selbst noch nicht gefunden - immer noch nicht. Nein, es ist überhaupt nicht gesagt, dass Gott Dich nur durch Schönes und Leichtes zu Dir selbst führen wird. Es kann schwer, schmerzlich und tränenreich werden. Aber das werden Tränen sein, die den Boden nass machen, auf dem neues Leben wachsen wird. Auf dem Du zu Dir selbst kommst.

Die alten Griechen hatten dafür einen schönen Begriff. Für solche Momente des Lebens, die wir einfach ergreifen und ausleben müssen. Kairos nannten sie ihn. Der mit Leben, Liebe und Sinn gefüllt Augenblick. Der Dir zufliegt und den Du nutzen musst, willst Du Glück erleben.

Maria erwischt einen dieser Momente. Jesus kommt bei Martha und Maria vorbei. Martha bittet ihn herein. Eine spontane Begegnung. Jetzt sitzt Maria Jesu zu Füßen. Ist ganz bei sich. Ganz Ohr und ganz bei Jesus. Sie hört mit ihrem Herzen. Kein anderer hört, wie sie hört. In keiner anderen rührt Jesus an, was er in Maria anrührt.

Kennen Sie das: Sie sitzen in einem Film, hören einen Vortrag, beobachten eine Geste und es berührt sie zutiefst. Gerade Sie. Sie gucken sich um und merken: Die erleben das anders. Aber Sie berührt es genau so, dass Ihnen Vieles fraglich wird. So, wie Sie leben; gelebt haben; genau so, dass Sie traurig werden über Versäumtes, über Ihre Schuld; und merken, es soll anders werden mit mir.

Es ist nicht gesagt, dass Gott Sie mit solchen Momenten nur aufrütteln will. Etwas aufbrechen und ändern will. Es könnte auch sein, dass sie ermutigt werden; fester im Glauben, getröstet auch. Sie gehen stark aus einem solchen Moment hervor. Gestärkt. Sie sollten wachsen im Glauben, in der Liebe, im Leben. Sie selbst sollen wachsen - als Mensch. So arbeitet Gott an uns. Das sind seine Momente, in denen sich für uns vieles entscheidet.

Was genau Maria gehört hat. Was genau Jesus ihr sagt. Wir wissen es nicht. Sie hört Gutes. Soviel ist sicher. Was mit Geld nicht aufzuwiegen ist. Aus Jesu Mund hört sie deutlich wie nie zuvor: Maria. Gott liebt Dich. Nein, Maria. Seine Liebe musst Du Dir nicht verdienen. Mein Vater liebt Dich. Einfach so. Weil Du Du bist, Maria. In seiner Liebe kommst Du zu Dir selbst. Wirst dem Bild immer ähnlicher, dass Gott in Dich gelegt hat. Das wissen Sie doch, liebe Gemeinde, Sie tragen ein Bild in sich. Das hat Gott in Sie gelegt. Diesem Bild sollen Sie entsprechen. Dahin will Gott Sie bringen. Das ist, was Sie sehnsuchtsvoll suchen. Werden, was Sie in Gottes Augen sein sollen - in seiner Liebe reifen - und sich entfalten. Und mit diesen gefüllten Momenten, wie Maria sie erlebt und die Sie selbst auch kennen, mit denen arbeitet Gott an uns. Damit bringt er uns voran.

Es wäre nun an der Zeit und an der Sache, von Martha zu reden. Von Martha, die den Kairos verpasst, sie verliert sich. Martha lässt sich total davon in Anspruch nehmen, für Jesus zu sorgen, ihn zu bewirten. Aber vor lauter Sorge, es sich selbst, ihrem Gast und anderen Erwartungen recht zu machen; verliert sie sich in ihrer Arbeit. Martha reibt sich auf und verliert das Leben aus dem Blick. Sie wird sogar zornig auf das Leben, auf die Schwester. Ein bisschen auch auf Jesus. Davor will Jesus sie bewahren. Dich und mich auch, davor bewahren, dass wir uns in Arbeit und Sorge verlieren. Auch in den Erwartungen, die andere an uns haben. Vermeintliche oder tatsächliche, und darüber zornig werden oder resignieren und so am Leben leiden und es verpassen, uns selbst und Gott auch. Also: es wäre Zeit, von ihr zu reden; aber wir haben diese Zeit nicht mehr und verschieben das Reden über Martha, die Frau, die wir kennen, ohne sie je gesehen zu haben. Sie lebt in uns. Amen

Lukas 10, 38 - 42: Gesammelte Existenz 2. Versuch

Ein besonderer Mensch ist unterwegs: Jesus. Er läuft von Stadt zu Stadt. Wandert über die Dörfer vorbei an Haus, Hof und Mensch. Immer in deiner Nähe. Öffnest du ihm deine Tür, dann kommt er herein. Betritt dein Haus. Betritt dein Leben. Dann ist er da. Jesus ist ein leiser Gast. Kein stiller, ein leiser. Das ist ein Unterschied. Ein besonderer Gast ist unterwegs. Jesus. Er sucht nichts für sich.

Nichts zu essen, nichts zu trinken, kein Dach über dem Kopf. Keinen Platz, an dem er sich ausruhen kann. Er sucht Dich. Er tritt in Dein Leben und will es heil machen. Will Dich heil machen. Dir soll es gut gehen. Nichts soll Dich ängstigen. Nichts Dich erschrecken. Jesus tritt in Dein Leben und nichts fehlt Dir mehr. Mehr muss nicht sein.

Was fehlt Dir zu Deinem Glück? Wann bist Du in Dir selbst zu Hause? Jesus ist ein besonderer Gast, der am Ende nicht bei Dir zu Gast ist, sondern Du bei ihm zu Haus. Geborgen. Dahin soll es kommen.

Martha ist eine freundliche Frau. Lädt Jesus in ihr Haus. Und er kommt auch gern herein, betritt ihr Leben. Jetzt ist er da. Jesus kann bei Dir zu Hause sein. Aber Du bist es nicht. Du bist zwar da, aber bist es auch wieder nicht. Und Jesus ist zwar da, aber Du hörst ihn nicht. Viele Jahre schon bist Du Christ - und Jesus Dein Gast - aber hörst Du auf ihn? Oder hörst Du, was Du schon immer gehört hast und hören willst; weil Du es zu hören gewöhnt bist? Sitzt du tatsächlich vor ihm? Lebst Du mit ihm in einem Zimmer?

Martha will Jesus bewirten und verliert sich. Martha meint es gut - mit Jesus und ist ganz davon in Anspruch genommen, für ihn zu sorgen - und fragt ihn gar nicht, was er will - warum er denn hereingekommen ist. Was nimmt Dich so in Anspruch, dass Du gar nicht mehr fragst, ob das, was Du tust, auch richtig ist? An welchen Punkten bist Du betriebsblind und hörst die Wünsche deiner Gäste nicht mehr. Auch deine eigenen nicht. Und Jesus? Hörst du, was er für Dich will?

Martha arbeitet, engagiert sich total. Macht, was sie meint, machen zu sollen und noch mehr - und fühlt den Mühlstein auf ihrer Schulter und den schweren Ring um ihre Seele. Sie wirft sich jeden Morgen neu in die Schlacht und merkt, dass es ihr zusehends schwer wird. Müde, sich immer neu zu motivieren. Martha reibt sich auf und verliert sich dabei. Ist in ihrem eigenen Leben nicht mehr zu Haus. Sich selbst fremd und denkt wehmütig an das, was sie eigentlich wollte; was einmal Ihr Ideal war, was einmal als das Projekt ihres Lebens vor ihr stand, als ihr Traum, den sie in ihre Wirklichkeit holen wollte. Was ist Martha passiert, dass sie in der Asche ihrer Glut sitzt? Was ist ihr passiert, dass selbst ihr Ideal, ihr Lebensprojekt, ihr schwer auf der Seele lastet? Was ist Dir passiert? Martha funktioniert ... es geht noch..... wenn auch schwer - sie treibt sich immer wieder an - sie kann doch nicht scheitern – nicht vor den anderen und nicht vor sich selbst - sie verdoppelt ihre Anstrengungen und wird doch nur müder dabei, sie frisst vieles in sich hinein; ihre Seele hat viele Baustellen. Martha macht immer noch zu vielem ein freundliches Gesicht und zwingt sich immer wieder ein Lächeln um Augen und Lippen, aber ihre Seele lächelt nicht mit, ihr Herz kann nicht freundlich - nicht mehr. Martha ringt mit sich und sucht nach Wegen - geradezu verzweifelt, will sie wieder sie selbst sein, in sich zu Hause. Mit sich identisch. Sie holt sich in stillen Momenten Bilder vergangener Tage vor die Seele - als es gut lief - als Ideal- Traum und Wunsch auf dem Weg in die Realität waren - als ihr Herz vor Liebe lebte und die Glut ihrer Begeisterung für die Sache sie trug. Als sie sich in Einklang wusste, mit dem, wie sie lebte und was sie tat. Als ihre Schritte fest und Herz und Seele leicht waren. Martha sucht nach Wegen und findet sie nicht. Martha ist eine freundliche Frau. Sie will Jesus Gutes tun. Aber sie will auch gut sein. Eine gute Gastgeberin. Eine bessere als die, in deren Häusern Jesus schon war und noch kommen wird. Jesus soll zufrieden sein - mit ihr. Er soll ein gutes Bild von ihr gewinnen. Mit einem guten Eindruck von ihr aus ihrem Haus gehen. Martha dient Jesus und meint sich selbst. Meint ihr Image. Ihre Beliebtheit. Martha ist eine freundliche Frau und eine gute Gastgeberin dazu und was ursprünglich gut gemeint war, wirklich gut gemeint war, das dient jetzt ihrer eigenen Selbstbestätigung.

Martha schuftet in der Küche. Das Holz in den Ofen - der muss auf Temperatur - und bald klappern die Teller, die Töpfe, die Pfanne, die Gläser, das Besteck - das Gemüse frisch aus dem Garten, oh ja. Einige Kräuter dazu - also noch mal raus - Messer aus dem Block - Gemüse-säubern-schneiden-hacken. Kräuter dito - der Abfall fällt auf den Boden- Feger her- weg damit. Ist das Wasser heiß genug? Gemüse rein - Salz dazu - das braucht jetzt seine Zeit - ab in den Vorratsraum - Fleisch von der Decke - ist das Fett heiß genug? Dann rein damit- es brutzelt und brodelt in der Küche- alles für den Gast? Für Jesus oder für ihr Ego? Selbstbestätigung ist ein gefräßiges Monster und will ständig gefüttert werden. Kaum eine Mahlzeit verschlungen, steht es schon wieder auf der Matte und will Neues und das macht müde.

Jesus ist bei Martha zu Gast und Martha ist zu Hause und ist es auch wieder nicht. So sollte es nicht sein. Jesus ist gleich nebenan und Du nur mit Dir selbst beschäftigt. So sollte es nicht sein. Martha ist Herrin, die Herrscherin in den eigenen vier Wänden, das sagt schon ihr Name. Und Jesus ein besonderer Gast. Einer, der am Ende nicht bei Dir zu Gast ist, sondern Du bei ihm zu Haus. Geborgen. Dahin soll es kommen. Aber dahin kommt es nicht, kann es nicht kommen, wenn Martha und Jesus zwar unter einem Dach, aber in unterschiedlichen Räumen leben. Dahin kann es nicht kommen, wenn Du ihn in dein Leben eintreten lässt, dann aber nur noch und weiter wie vorher mit dir selbst beschäftigt bist.

Maria hätte in den letzten Jahren wenig Chancen auf Anerkennung gehabt. Vielleicht im nächsten, dem Jahr der Stille. In den letzten Jahren wäre sie eine faule, eine bequemen Marie gewesen. Jetzt ist sie die Frau unserer Sehnsucht. Unserer Sehnsucht danach, uns fallen lassen zu können; geborgen zu sein in der Liebe Gottes. Sie ist die Frau unserer Sehnsucht nach Ruhe und Stille. Unserer Sehnsucht nach Konzentration und Eindeutigkeit. Maria macht das, was sie macht, ganz. Sie ist da. Ist anwesend. Sie hört zu. Sie lauscht Jesu Worten. Sie sitzt einfach zu seinen Füßen. Gesammelte

Existenz sozusagen. Maria ist mit Jesus in einem Raum und ist vollkommen fixiert auf ihn. Sie hat sich Zeit genommen - für ihren Gast. Sie lässt Jesus auf sich wirken. Und Jesus beschenkt Maria mit seiner Nähe. Er ist für sie da. Nur für sie. Maria hat einen Moment erwischt und sie hat ihn genutzt; einen Moment, in dem sie nichts beweisen muss. Sie sucht kein Lob, keine Anerkennung, sie macht sich keine Sorgen; sie sucht keine Selbstbestätigung - und nichts für ihr Ego; aber alles für ihre Seele.

Jesus ist bei ihr zu Gast und Maria bei ihm zu Haus. Geborgen. In diesem Moment erschreckt und ängstigt Maria nichts. Jesus genügt ihr - vollkommen. Dahin soll es mit uns kommen. Darum ist er unterwegs, dieser besondere Mensch. Dieser leise Gast. Öffne ihm dein Leben. Dein Herz. Und setzt dich zu seinen Füßen. Und Du findest Dich! Ohne Jesus - das ist die andere Wahrheit - verlierst Du dich. Damit dies nicht passiert, ist er unterwegs, Jesus, der besondere Mensch, unterwegs zu deinem Herzen. Amen

Lukas 10, 38 - 42: Schmorrkartoffel mit Spiegelei 3. Versuch

Ich habe die ganze Welt auf der Suche nach Gott durchwandert und ihn nirgends gefunden. Als ich wieder nach Hause kam, sah ich ihn an der Tür meines Herzens stehen und er sprach: Hier warte ich auf Dich seit Ewigkeiten. Da bin ich mit ihm ins Haus gegangen. Rumi[2]

Als sie aber weiterzogen, kam er in ein Dorf. Da war-eine Frau mit Namen Marha, die nahm ihn auf. Und sie hatte eine Schwester, die hieß Maria; die setzte sich dem Herrn zu Füßen und hörte seiner Rede zu. Marta aber machte sich viel zu schaffen, ihm zu dienen. Und sie trat hinzu und sprach: Herr, fragst du nicht danach, dass mich meine Schwester lässt allein dienen? Sage ihr doch, dass sie mir helfen soll! Der Herr aber antwortete und sprach zu ihr: Martha, Martha, du hast viel Sorge und Mühe. **Eins aber ist Not. Maria hat das gute Teil erwählt; das soll nicht von ihr genommen werden.**

Wenn Martha Dir spät abends noch Schmorrkartoffel mit Spiegeleier macht; dann ist das super; wenn Du nach langer Zeit und langer Reise nach Hause kommst und Martha hatte sich schon schlafen gelegt, wieder aufsteht und Dir Schmorrkartoffel mit Spiegeleier macht, dann ist das hervorragend; Martha weiß, was Du gerne magst und Martha macht das gerne für Dich. Das ist Ausdruck ihrer Liebe. So eine Martha hätte wohl jeder gern zu Hause. Wenn Du nach langer Zeit und langer

2 Mystiker 1207-1273

Reise nach Hause kommst und viel zu erzählen hast, und Martha rennt von einem Schrank und von einem Topf zum anderen. Wenn Du ins Leere erzählst, weil Martha Dir nicht zuhört; dann ist das gar nicht toll. „Nein, ich brauch und will nichts mehr. Nun setze Dich doch mal hin. Und hör mir doch mal zu", wenn Du das alles auftischen musst und Martha macht immer geschäftig weiter; dann macht das gar keinen Spaß mehr und Du gibst bald auf. Worum geht's Martha eigentlich?

Wenn Du nach langer Zeit und langer Reise nach Hause kommst und viel zu erzählen hast und Maria setzt sich hin und hört Dir zu; holt Dir aber nicht mal einen Keks, geschweige denn einen Tee oder ein Glas Wasser, dann hast Du bald einen trocknen Hals und irgendwas läuft auch hier schief. Martha oder Maria; am besten wäre doch eine Mischung. Martha macht Dir Schmorrkartoffel mit Spiegeleier und hört Dir zu. Maria setzt sich zu Dir; aber sie vergisst den Keks und den Tee auch nicht. Aber wegen dieser Benimmregel steht die Geschichte von Martha und Maria nicht in der Bibel. Martha rödelt und rödelt; arbeitet von morgens früh bis abends spät. Sie gönnt sich keine Pause. Es muss immer weiter gehen. Bis es nicht mehr geht. Bis Martha den Spaß an der Arbeit verliert. Bis es zum Stress wird. Martha vor dem burn out. Martha. So weit muss es doch nicht kommen. Gönn Dir ne Pause. Sei mal Maria. Tu Dir mal was Gutes. Wellness. Geh mal essen. Lies ein Buch und geh mal wieder ins Kino. Tank mal auf. Dann geht's wieder weiter.

Maria kommt nicht in und sie kommt nicht auf die Füße. Ihr Platz ist die nächste Couch. Sie drückt sich gern und verdrückt sich schnell. Mit den Marias kommst Du nicht weit. Die Frau musst Du in deinem Team nicht haben und als direkte Kollegin auch nicht. Gut wäre ne Mischung. 'Ne Martha, die 'ne Pause macht und 'ne Maria, die hart arbeiten kann. Aber wegen dieser Weisheit steht die Geschichte von Maria und Martha nicht in der Bibel.

Martha, wenn jemand auf Besuch kommt, dann kommt der zu Dir, dann will der dich besuchen. Mit Dir reden. Ich versteh, dass deine Wohnung sauber sein soll. Du willst Dir nichts nachsagen lassen. Ich versteh, dass Du Deinen Gast bewirten willst; er soll einen guten Eindruck von Dir haben. Aber Martha. Alles in Maßen. Nicht übertreiben. Es geht um Euch beide. Um Euer Verhältnis. Nicht um Deinen guten Ruf. Oder doch?

„Bei der Martha war das sauber. Alle Achtung und wie die aufgetischt hat." Willst Du hören oder Eindruck machen? Maria, Dir ist ja wohl alles egal. Wie sieht denn Deine Wohnung aus? Hast Du deinen Staubsauger verschenkt? Und die Spüle. Sag mal, ist deine Spülmaschine kaputt? Wo soll ich mich hier denn hinsetzten? Zum Glück habe ich nicht meine beste Hose an. Aber Zuhören kann die Frau. Alle Achtung. Am besten wäre eine Mischung. Eine zuhörende Martha und eine putzende Maria. Aber auch wegen dieser pragmatischen Empfehlung steht die Geschichte von Maria und Martha nicht in der Bibel.

Martha bin ich und Maria bin ich - Martha, die aktive; Maria, die hörende; Martha, die Suche nach Anerkennung durch Leistung. Maria, die Sehnsucht nach Liebe, um meiner selbst willen. Ich habe die ganze Welt auf der Suche nach Gott durchwandert und ihn nirgends gefunden. Als ich wieder nach Hause kam, sah ich ihn an der Tür meines Herzens stehen und er sprach: Hier warte ich auf Dich seit Ewigkeiten. Da bin ich mit ihm ins Haus gegangen. Rumi - Mystiker.

Jesus ist bei Martha zu Gast und Martha ist zu Hause, und sie ist es auch wieder nicht. So soll es nicht sein. Jesus ist bei dir und Du nur mit Dir selbst beschäftigt. So soll es nicht sein. Martha ist Herrin, die Herrscherin in den eigenen vier Wänden, die Frau ist stark, die spielt Maria leicht an die Wand - sie macht das gar nicht so bewusst - es passiert ihr eher so. Und Jesus ist ein besonderer Gast. Einer, der am Ende nicht bei Dir zu Gast ist, sondern Du bei ihm zu Haus. Geborgen. Dahin soll es kommen. Aber dahin kommt es nicht, kann es nicht kommen, wenn Martha und Jesus zwar unter einem Dach, aber in unterschiedlichen Räumen leben. Dahin kann es nicht kommen, wenn Du ihn in dein Leben eintreten lässt, dann aber nur noch und weiter wie vorher mit dir selbst beschäftigt bist.

Maria ist die Frau unserer Sehnsucht. Unserer Sehnsucht danach, uns fallen lassen zu können; geborgen zu sein in der Liebe Gottes. Sie ist die Frau unserer Sehnsucht nach Ruhe und Stille. Unserer Sehnsucht nach Konzentration und Eindeutigkeit. Maria macht das, was sie macht, ganz. Sie ist da. Anwesend. Sie hört zu. Sie lauscht Jesu Worten. Sie sitzt einfach zu seinen Füßen. Gesammelte Existenz sozusagen. Eingesammelt vor Jesus - mit all ihren Gedanken und Gefühlen - sie ist bei Jesus zu Hause. Maria ist mit Jesus in einem Raum und vollkommen fixiert auf ihn. Sie hat sich Zeit genommen - für ihren Gast. Sie lässt Jesus auf sich wirken. Jesus beschenkt Maria mit seiner Nähe. Er ist für sie da. Er schaut sie an. Nur für sie. Maria hat einen Moment erwischt und sie hat ihn genutzt, in dem sie nichts beweisen muss. Sie sucht kein Lob, keine Anerkennung, sie macht sich keine Sorgen; sie sucht keine Selbstbestätigung - und nichts für ihr Ego; aber alles für ihre Seele. Jesus ist bei ihr zu Gast und Maria bei ihm zu Haus. Geborgen. In diesem Moment erschreckt und ängstigt Maria nichts. Jesus genügt ihr - vollkommen. Dahin soll es mit uns kommen. Darum ist er unterwegs, dieser besondere Mensch.

Was Martha arbeitet, wird von Maria empfangen. Maria ringt um Wahrheit und Liebe - bevor Martha handelt - Maria hört bevor Martha redet - Maria kämpft um ein reines Herz, bevor Martha erfolgreich werden kann - Maria verwurzelt sich in Jesus, bevor Martha sich an die Arbeit macht - Maria empfängt und arbeitet innen, bevor Martha nach draußen gehen kann - Marias Arbeit gilt nicht viel in unserer Welt, weil nichts zu sehen ist, weil nichts produziert wird; aber hier, bei Maria, da fallen die Entscheidungen - da nimmt unser Leben seine Richtung - da lassen wir uns formen -

von Jesus formen - in Form bringen. Ohne Jesus - das ist die Wahrheit dieser Geschichte von Maria und Martha - ohne Jesus verlierst Du dich - deine Eindeutigkeit, deinen Frieden, deine Geborgenheit - und damit dies nicht passiert, obwohl es immer schnell geschehen kann, darum steht die Geschichte von Maria und Martha in der Bibel - verlier' dich nicht - setz' Dich zu Jesu Füßen und hör ihm zu. Amen

Gleichnispredigten

Lukas 19, 1-10 Zachäus: Das Drama des kleinen Mannes

„Und Jesus kam und ging durch Jericho“. Eine weitere Station auf seinem Weg nach Jerusalem. Die Stadt liegt vor ihm. Er kommt rein. Geht durch. Und dann geht der Fokus auf einen einzigen Mann. Die Stadt. Das Drumherum interessiert nicht mehr. Schöne, denkmalgeschützte Häuser. Nette Lokale. Ein tolles Café. Museen. Eine Synagoge. Historische Plätze, die an lang vergangene Zeiten erinnern. All das wird nebensächlich. Da war ein Mensch. Mit Namen Zachäus. So geht göttliche Wahrnehmung. Da ist einer. Da ist eine. Auf Zachäus geht der ganze Blick. Als bestünde Jericho aus einem einzigen Menschen. Aus Zachäus. Gott sieht ihn an. Gott nimmt Zachäus in den Blick. Und es gibt Gründe, warum das so ist. Wir werden das gleich sehen.

Und Gottes Blick auf Zachäus ist ein heilsamer. Er wird dem Zachäus gut tun. Auch das werden wir sehen. Göttliche Wahrnehmung guckt einen heraus. Menschliche Wahrnehmung geht manchmal auch so. Zachäus ist so mit sich beschäftigt. Der bekommt die Schönheiten seiner Stadt nicht mit. Die interessieren ihn nicht. Den treibt etwas ganz anderes um. Wir werden sehen was.

Zachäus war ein Oberzöllner, und er war reich. Sehr reich. Zachäus ist in einer Position, in der viele von uns gerne wären. Leitungsfunktion. Er hat die Dienstaufsicht für eine ganze Reihe von Beamten. Er hat was zu sagen. Zachäus gilt was in der Stadt. Den Mann kennt man. Und Zachäus ist reich. Sehr reich. Der leistet sich eine Reihe schöner Dinge. Tolles Haus. Großes Grundstück. Bedienstete. Zachäus pflegt teure Hobby. Macht Urlaub in den teuren Orten seiner Zeit. Wellness zum großen Preis. So viele gibt's von ihm nicht in Jericho. Aber darum, wegen Leitungsfunktion und Geld, hat Gott ihn nicht in den Fokus genommen. Der Grund geht anders. Auch das werden wir gleich sehen. Und uns vielleicht in ihm wieder erkennen. Zachäus ist Oberzöllner und sehr reich und sehr arm. Innerlich arm. Klein. Unglücklich. Ihn treibt eine große Sehnsucht.

Zachäus kann das, was wir alle beherrschen: Zachäus hält sein Bild von sich aufrecht. Der hat´s gut, denken die Leute. Hat was zu sagen. Hat Macht, der Mann und Geld. Der gilt was und der kann sich was leisten. Viel sogar. Dem muss es doch total gut gehen; der kann doch nicht klagen; wenn der sich auch noch beschwert. Und doch. Zachäus leidet. Ist unglücklich. Sehnt sich. Wir können das auch. Eine heile Welt aufrecht erhalten. Wir können das bis zur Perfektion. Aber es kostet Kraft. Kostet der Seele unglaublich viel Kraft. Und entweder wir finden einen Weg, um diese Teile in uns zu versöhnen oder wir brechen eines Tages zusammen - es geht nicht mehr. Welches Bild hältst Du von Dir aufrecht? Und wie geht es deine Seele dabei?

Zachäus. Das ist das Drama des kleinen Mannes. Auch klein von Gestalt. Aber innen. Da auch. Er hat es nie gelernt, diese Seite an sich, die er nicht mag, zu lieben. Aber wenn Du das, was Du an Dir nicht magst, zur Seite schiebst, verdrängst; dann wird es immer größer, immer mächtiger, bis es dich verschlingt. Zachäus versucht, das Kleine an und in ihm groß zu machen. Er arbeitet sich hoch.

Leitet die Dienststelle beim Zoll. Er hat eine Position. Er setzt aufs Vermögen. Leistet sich was. Und holt sich sein Selbstwertgefühl über den Besitz. Auch darüber, dass die Leute ihm bewundernde Blicke zuwerfen: „Was der sich leisten kann..." Und bleibt innerlich klein. Und sehnt sich nach Anerkennung. Sehnt sich danach, geliebt zu werden. Angenommen. Akzeptiert. Klar, er kann den Leuten auf seiner Dienststelle nach dem Mund reden; er kann ihnen Vorteile verschaffen. Aber lieben seine Leute ihn dafür? Oder profitieren sie - wenn auch unbewusst - von seiner Sehnsucht als Mensch angenommen zu sein? Er kann auch den Leiter raus hängen lassen und seinen Leuten zeigen, wo der Hammer hängt; aber wie lange hält man das aus, auf der Arbeit mächtig auf zu trumpfen und in den eigenen vier Wänden an der eigenen Ohnmacht zu leiden.

Diese 10 Verse im 19. Kapitel des Lukasevangeliums sind ein reines Psychodrama. Auf den ersten Blick gar nicht zu erkennen. Aber bei näherem Hingucken sieht man das. Wie hasst Zachäus das, klein zu sein. All die Jahre hat er damit keinen Frieden gemacht. Und jetzt wieder. Er will zu Jesus. Stürzt sich in die Menge. Es klappt aber nicht: „Die Menge versperrt ihm die Sicht; denn er war klein." Aber sein Leidensdruck ist so groß, dass er sich jetzt in keinem Fall zurück ziehen wird. Hätte er doch tun können. Resigniert aufgeben. Aber das macht er nicht. Er zeigt sich. Er legt seine Schwäche bloß. Legt das Bild ab, das er von sich gezeichnet hat. Zwei Mal. Und dazu gehört eine unglaubliche Überwindung. Und ein Riesenwille. Innerlich klein und doch ganz groß, weil er überwinden will, worunter er leidet; weil er einen Schritt tut und zu seiner Schwäche steht. Zachäus klettert auf einen Baum. Und macht öffentlich, worunter er leidet.

Der muss in einen Baum klettern, damit er gucken kann. Wie viele mögen da gestanden haben: Nun guckt euch mal den kleinen und reichen Oberzöllner Zachäus an, der muss in einen Baum klettern. Da helfen Leitungsfunktion und Geld kein bisschen. Zachäus muss sich überwinden. Der muss aus seinem inneren Versteck raus. Einmal offen legen, worunter er leidet. Sich nicht mehr hinter Position und Geld verstecken; nicht mehr vorspielen, was nicht ist. Der Seele Luft zum Atmen verschaffen. Ja. Ich bin klein. Ja. Ich muss auf diesen Baum, weil ich Jesus sehen will. Weil ich diese beiden Teile in meinem Leben, die so total auseinander klaffen, nicht länger auseinander halten kann und nicht will.

Ein Maulbeerfeigenbaum hat einen kurzen dicken Stamm und dann kommen schon die Äste. Da kann er leicht hinein klettern. Und der Baum hat ungewöhnlich große Blätter. Als Zachäus erst im Baum ist, versteckt er sich auch wieder. Alle müssen sie es jetzt auch nicht sehen, dass er klein ist. Ist schließlich keine Reality-Show von Jericho TV. Also unter die Blätter. Was dann kommt, ist so schön, dass ich es zitieren muss: „Als Jesus an die Stelle kam, schaute er hinauf und sagte zu ihm: Zachäus, komm schnell herunter! Denn ich muss heute in deinem Haus zu Gast sein..." 1. guckt Jesus hinauf. Das ist schon ungewöhnlich für jemanden, der auf der Straße spaziert und den die Leute bedrängen. Und dann sagt der Mann, der nach Jericho kam, um einfach durch die Stadt zu laufen: „Ich muss heute in deinem Haus zu Gast sein....." Zachäus, ich muss dich einfach besuchen. Reden, essen und trinken. Und wie sehr sich Zachäus danach gesehnt hat, dass jemand ihn um seiner selbst willen besucht, dass jemand ihn, den Zachäus wahrnimmt, dass merkt man an den folgenden Worten: „Da stieg er schnell herunter und nahm Jesus freudig bei sich auf". Schnell und freudig. Dass er klein ist, spielt in der Nähe Jesu keine Rolle.

Und verschämt aus dem Baum klettern. Das macht er auch nicht. Muss er auch nicht mehr. Jesus in der alten Stadt Jericho. Er will eigentlich nur durch. Und nennt aus der ganzen Stadt einen mit Namen: Zachäus. Er will wirklich eigentlich nur durch und weiter und macht Halt. Besucht den Zachäus.

Wenn Jesus dich anspricht. Wenn er zu Dir nach Hause kommt. Wenn er vollkommen ohne eine einzige Bedingung zum Zachäus kommt und mit ihm redet, isst und trinkt. Wenn Zachäus Gastgeber sein darf. Dann ist das die Möglichkeit und auch die Chance, das an sich zu lieben, oder anfangen lieben zu lernen, was er gehasst, verdrängt, was er an sich nicht gemocht hat. Gottes Kind bist Du. Sagt Jesus dem Zachäus. Das sagt er Dir und mir. Du bis ein Kind Gottes. So wie du bist. Du bist es einfach. Du musst es nicht werden. Du bist es.

Was bedeutet es für Dich, mit diesem Wort Jesu zu leben? Was bedeutet es für Dich, als Kind Gottes zu leben. Mit der Würde des Kindes Gottes, die Jesus Dir zu spricht. Und was kann an Dir heil werden in der Nähe Jesu? Was an Dir, dass Du nicht magst - was dich ärgert - wofür Du dich schämst - was an dir solltest Du lieben lernen, weil Jesus Dich so liebt, wie Du bist?

Seinen Reichtum hat Zachäus nicht bloß mit Aktiengeschäften gemacht; er hat andere übers Ohr gehauen. Die Struktur war so und er hat sie gnadenlos genutzt. Vielleicht war er auch ein heftiger Vorgesetzter. Wer keine Skrupel kennt, andere zu „bescheißen", der hat auch keine Skrupel, bei seinen Angestellten den harten Chef raus hängen zu lassen. Nach außen heftig und hart und nach innen eine blutende Wunde nach Liebe und Anerkennung, das geht. Das ging, muss ich sagen, Zachäus spürt das ja sofort: In der Nähe Jesus können diese beiden Teile nicht so auseinander gehen. Und er nennt es beim Namen und will seine Schuld wieder ausgleichen. Sich versöhnen. So kommt es in der Nähe Jesu immer dazu, dass Menschen als Person als ganze Person heil werden wollen - ganz eben. Stimmig.

Vielleicht ist der Gottesdienst und die Feier des Abendmahls - das Essen und Trinken mit Jesus - vielleicht ist heute die Zeit, das an dir in der Nähe Jesu in Augenschein zu nehmen, worunter du leidest - was dich quält - was du liebend gerne ausblendest - vielleicht ist dieser Gottesdienst die Zeit, dich als ganze Person - so wie du bist - lieben zu lernen, weil er dich liebt. Der dir sagt: Komm herunter von dem Lebensgerüst, das du dir gezimmert hast - und werde in meiner Nähe der, der du sein sollst- ein geliebtes Kind Gottes. Amen

Lukas 15, 8 - 9: Die Frau mit der Münze

„Eine Frau", erzählt Jesus „hat 10 Drachmen". Eine Drachme ist eine Geldmünze. Schwierig zu sagen, was eine Drachme heute wert wäre. Im Matthäusevangelium erzählt Jesus die Geschichte von den Arbeitern im Weinberg. Die einen fangen morgens um 6, die anderen um 9, wieder andere um 12 und wieder welche um 15.00 Uhr an zu arbeiten. Und alle bekommen sie eine Drachme als Lohn. Und von daher wissen wir: Eine Drachme konnte man sich am Tag verdienen. Damit konnte man damals einen Tag über die Runden kommen. Die Frau hat 10. Also reich ist die nicht. 10 Tage kann sie überleben, ohne zu hungern. Ist sie verheiratet? Witwe, Single? Hat sie Kinder? Wie alt? Jung, mittelalt, alt. Jesus erzählt es nicht. Ist ihm nicht wichtig. Okay - dann verschwenden wir darauf keine Gedanken: Jede und jeder könnte es sein. Aber was ist dann wichtig? Sie hat 10 Drachme. Wieso 10? Nicht 9 nicht 11? 10.

Michael Ballack trug bei der Nationalelf und bei Chelsea die 10 - tragende Rolle. Spielgestalter. Gab dem Spiel seinen Stempel. Ist der Spielgestalter nicht da, fehlt dem Ganzen was Entscheidendes. Die Klammer, die alles zusammen hält. Es gibt einen Film, Titel: 10 - die Traumfrau. Mit Bo Derek. Von 1979. Die Frau hat alles, was eine Frau braucht. Also irgendwie vollkommen. Männermeinung.

Die Ägypter hatten es zur Zeit Mose nicht mit 10 Traumfrauen, sondern mit so ziemlich dem Gegenteil - mit 10 Plagen zu tun. Und dann die Gebote. Es gibt 10 davon. Sie decken alles ab - das ganze Leben. 10, die Zahl der Ganzheit.

Die Frau hat, auch wenn sie nicht viel hat, alles, was sie zum Leben braucht. Zufrieden, ausgeglichen, dankbar. Ihr Leben ist ganz, rund. Es geht ihr gut. Eine 10 eben. „Und dann" sagt Jesus: „verliert sie eine Drachme, zündet eine Lampe an, fegt ihr Haus komplett aus und sucht und sucht ….. „mit Fleiß" schreibt Luther. Also nicht einfach so, ein wenig hier suchen, da suchen, sie sucht total intensiv. Wenn ich meine Brille verlegt habe, sie suche und nicht finde, dann ist das nicht ganz so schlimm, ich kann auch ohne gucken, bloß nicht so scharf. Wenn ich aber ziemlich blind bin wie ein Maulwurf, dann werde ich auf Händen und Füßen durchs Haus krabbeln, um meine Brille zu finden. Und wenn ich vor dem Urlaub mein Sparbuch mit 20.000,-- € vor den bösen Einbrechern versteckt habe und nach dem Urlaub selbst nicht mehr weiß, wo das Ding ist; dann werde ich das Haus auf den Kopf stellen, um meine 20.000,-- € wieder zu finden.

Das, was ich suche, bestimmt, wie ich suche. Wie intensiv. Und die Frau sucht absolut intensiv. Die Drachme bedeutet ihr viel. Übrigens: wenn wir über Tag etwas suchen, machen wir nicht unbedingt das Licht an. Sie macht das Licht an. Hat wahrscheinlich ein kleines Häuschen. Viereck. Ein Loch für die Tür, eins für ein Fenster, das war`s. Bisschen düster da drin. Und dann geht´s los: Stuhl zur Seite, Tisch zur Seite, Schrank zur Seite. Boden frei. Mit der Kerze durch. Vielleicht glänzt ja was. Schürze um und mit dem Besen durch die Bude, vielleicht klingelt ja was. Und als sie ihre Drachme wieder gefunden hat, erzählt Jesus, lädt sie ihre Freunde und Nachbarn ein und sagt: „Freut Euch mit mir, ich hab die Drachme, die ich verloren hatte, wiedergefunden".

Das, was ich suche, bestimmt, wie ich suche. Wie intensiv. Und die Intensität meiner Suche bestimmt meine Freude beim Finden: „Gott sei Dank. Ich habe meine Drachme wieder." Und doch ist es ein bisschen ungewöhnlich, was die Frau macht: Wenn Du deine Brille wiedergefunden hast, rufst ja auch nicht gleich Freunde und Nachbarn zusammen: „Freut euch mit mir, ich hatte meine Brille verlegt, jetzt hab ich sie wiedergefunden". Vielleicht beim Sparbuch? Und dann gleich mit einer ordentlichen Fete. Was bedeutet diese Geschichte? Für Dich und mich? Warum erzählt Jesus diese Geschichte? Hast Du schon mal absolut intensiv gesucht? Sparbuch? Brille? Autoschlüssel?

Jeder von uns hat schon mal etwas gesucht. Und wahrscheinlich kennt Ihr das auch, das Haus auf den Kopf zu stellen. Durch die Räume zu gehen: „Wo könnte ich es liegen gelassen haben? Wo habe habe ich das hingelegt? Wann habe ich es das letzte Mal in der Hand gehabt? Noch mal im

Kopf durchgehen". So ähnlich geht das ja. Sie hier in unserer Geschichte hat mehr verloren als Brille, Sparbuch, Geldstück. Sie war zufrieden, ausgeglichen, dankbar. Ihr Leben war ganz, rund, heil. Es ging ihr gut. Und jetzt nicht mehr. Sie hat das verloren, was ihr Leben wie eine Klammer zusammen gehalten hat. Ihr Leben ist ihr aus dem Ruder gelaufen. Die 10 ist weg. Was ist passiert?

Was würde mit Dir passieren, wenn du das verlierst, was Dich trägt? Das ist schon eine spannende Frage, was bedeutet Dir so viel, *dass, wenn du es verlierst, dein Leben in Unordnung geraten würde? Was bedeutet Dir so viel, dass, wenn du es nicht mehr hättest, dein Leben in Unordnung geraten würde?* Die Liebe eines Menschen? Die Geborgenheit in deiner Familie? Die Freude am Leben? Der Sinn dessen, was Du tust? Dein Glaube? Oder anders: *Was suchst Du verzweifelt, damit dein Leben getragen wird und du wieder Halt hast, zufrieden bist, ausgeglichen und frei?*

Und.... machst Du die Lampe an und guckst nach in den Räumen deiner Seele? Und leuchtest auf die harten Stellen, die du dir zugelegt hast, um mit bestimmten Dingen besser umgehen zu können. Und hältst Du die Lampe auf die frischen Narben, an denen Du verletzt worden bist und die Dir immer noch weh tun? Und guckst mal in den Keller, in den bislang noch keiner gucken durfte. Oder gehst rauf mit der Lampe auf den Dachboden, auf dem deine Gefühle wie Kraut und Rüben herumliegen? Was wäre bei Dir alles auszuleuchten, damit deine Drachme wieder ans Tageslicht und dein Leben wieder in Ordnung kommt? Und es könnte gut sein, jemanden mitzunehmen, einen von dem du unbedingt weißt, dass er es gut mit Dir meint. Jemanden, der dir die Lampe hält oder dir einfach zuhört und dir hilft, Wichtiges ans Licht kommen zu lassen.

Ich wundere mich manchmal bei mir selbst und bei anderen: Was das Kind in mir alles mitgeschleppt hat aus Kindertagen; erstaunlich und erschreckend oder auch schön, je nachdem wie unsere Kinder- und Jugendzeit und die Menschen aus dieser Zeit uns geprägt haben. Gerade an diese Zeit und an diese Erlebnisse muss die Lampe ran, da muss der Schein der Lampe hin. Und stellst Du Stühle, Tische, Schränke, all dies harte, kantige Zeug aus dem Weg, gegen das Du immer und immer wieder läufst und dir immer wieder blaue Flecken und blutige Knie holst? Dein Versuch, bestimmte Dinge einfach anders und besser zu machen und immer wieder daran zu scheitern? Du scheiterst an Dir selbst. Und vielleicht sind´s auch bestimmte Dinge an Dir, mit denen Du unzufrieden bist; dein Wesen. Du würdest Dich gerne ändern, würdest gern freier, fröhlicher, spontaner, liebenswerter sein, nicht so schnell beleidigt - nicht so schnell in den Keller gezogen: übst Dich ein; geht aber nicht. Kommst nicht aus deiner Haut. Und wieder scheiterst Du an dir selbst.

Und... nimmst Du den Besen in die Hand und fegst das durch die Tür nach draußen, was dein Leben dreckig macht; deine Unarten? Das, was dir für einen Augenblick Freude gibt, anschließend aber deine Seele belastet? Es gibt Gründe genug, aus dem Gleichgewicht zu geraten; Gründe genug, deine Drachme zu verlieren. Und je mehr und je länger ich mir selber zusehen und anderen zuhöre und beobachte, denk ich: Die Drachme ist die Liebe. Das Gefühl, unbedingt - ohne Wenn und Aber - geliebt zu sein. Die Drachme ist der Glaube, die Gewissheit, ohne Wenn und Aber, unbedingt von Gott geliebt zu sein. Aber manchmal beschleicht mich auch das Gefühl: Ist das nicht alles Pille Palle mit der Liebe, mit Gott und von ihm geliebt zu werden - von seiner Liebe sich tragen zu lassen? Und dann führt Gott mich in Situationen wie letzte Woche: Ich stehe vor jemandem, höre seine Geschichte und denke schmerzlich: Könntest Du doch Gottes Liebe zu Dir glauben, Du würdest aufhören, verzweifelt Dein Recht zu suchen. Du müsstest Dich nicht immer benachteiligt fühlen - wieviel Versöhnung könnte in Dein Leben kommen und damit innerer Frieden.

Und dann ist mir wieder klar: Zur Liebe Gottes gibt es keine Alternative. Von seiner Liebe sich tragen zu lassen, ist das Höchste. Und wenn die Frau das gefunden hat, dann versteh ich, dass sie Freunde und Nachbarn zusammentrommelt: Ich hab gefunden, was ich mein Leben lang gesucht habe. Es geht mir gut. Zufrieden, ausgeglichen, geborgen, frei. Heil eben.

Ich werfe noch einen zweiten Blick auf diese kleine Geschichte von der Frau und ihrer Münze und dieser zweite Blick ist einfach schön und passt so gut zum ersten, dass ich fast meine: Wir müssen einfach zwei Mal drauf gucken.

Stell Dir vor: Du bist nicht die Frau, die ihre Münze sucht. *Du bist Die Münze. Und Gott die Frau, die nach ihrer Münze sucht.* Du bist Gott aus dem Portmonee gefallen. Und liegst einsam und verloren, unglücklich mit dir selbst in deiner dunklen Welt. Und Gott? Du fehlst ihm. Solange Du bei ihm warst, ging es ihm gut. Das ist jetzt anders. Und er macht sein Licht an und leuchtet seine Welt aus, um Dich zu finden. Er leuchtet in jede Ecke seiner Welt: Irgendwo musst Du doch stecken. Gott stellt Stühle, Tisch und Schrank zur Seite, um nach dir zu suchen. Irgendwo musst Du doch zu finden sein. Gott bindet sich seine Schürze um, nimmt den Besen in die Hand und fegt seine Welt aus, um Dich unter dem Schmutz und Dreck wieder ans Tageslicht zu bringen. Irgendwo muss er Dich doch hören oder sehen. Irgendwann muss Dich sein Besen berühren und Du fängst an zu klingen. Irgendwann beleuchtet Dich seine Lampe und Du fängst an zu glänzen. Gott stellt die Welt auf den Kopf, um Dich aus Deiner verlorenen Position zu befreien. Gott befreit Dich, Du Drachme, von Deinen Versuchen, zurück zu kommen ins Portmonee Gottes. Er befreit Dich von Deinen Versuchen, Dich aus Deiner unmöglichen Position zu befreien. Gott leuchtet und fegt, er räumt auf, bis er Dich wieder hat. Bis Du wieder da bist, wo Du hingehörst: ins Portmonee Gottes. Dicht an ihn dran. Bei ihm. Geborgen in seiner Liebe, befreit von Deinen Versuchen, für Dich selbst zu sorgen. Du nach deiner Drachme suchender Mensch und der seine Drachme suchender Gott - ihr gehört unbedingt zusammen - sagt Jesus mit dieser winzig kleinen Geschichte von der Frau mit ihrer Münze.

Amen

Lukas 16, 19 - 31: Lebensfragen - lebenswichtige Fragen

„Wo stehst Du mit Deinem Leben", „Jetzt, in diesem Moment", „Wie ist Deine Lebensbilanz?", „Wer bist Du?", „Wer bist Du geworden?", „Wohin hast Du Dich entwickelt?" Diese Fragen hat er nicht gehört. Oder: Er hat sie gehört und einfach ignoriert. Drüber weg gehört. An die Seite geschoben. Verdrängt. Spät abends, wenn er nicht einschlafen konnte, war sie plötzlich da, die Frage nach seinem Leben. Früh morgens, noch im Halbschlaf überfiel sie ihn und er war plötzlich hellwach. Aber er ließ sie nicht an sich ran. Umdribbelte sie wie Christiano Ronaldo den hartnäckigsten Verteidiger. Nur: Wenn Du diesen Fragen ausweichst, wenn Du sie verdrängst; dann stellt sie an anderer. Wenn Du Dich diesen Fragen nicht stellst; dann urteilen andere. Schon zu Lebzeiten urteilen und bewerteten sie dich; nur: Es dir offen sagen, das tun sie nicht. Er spürte das eher zwischen den Zeilen, was sie von ihm hielten.

Die einen beneideten ihn um seinen Lebensstil. Um sein Geld. Das er sich leistetet, was er nur wollte. Das er von einer Party zur anderen zog und keine Lust ausließ. Die anderen verurteilten ihn gerade dafür, dass er so ein grenzenloser Egoist war. Menschen fallen ließ, wenn sie ihm nicht mehr nutzten. Und das er das Elend vor seiner Tür nicht sah. Nicht sehen wollte. Das er immer und immer nur den eigenen Vorteil sah. Ganz am Ende, an meinem Ende, sind sie wieder alle milde mit mir. Dachte er. Über meiner Todesanzeige ein netter Spruch für mich und immer bin ich der „Geliebte Mensch", der gehen musste, und im Beerdigungsgespräch suchen doch alle meine schönen Saiten zum Klingen zu bringen: Über Tote sagt man nichts Schlechtes. Auch so kann man spekulieren. Einer seiner hartnäckigsten Kritiker war er jedoch selbst, seine Gewissen. Über den hartnäckigsten reden wir gleich.

Auch wenn er sein Gewissen immer wieder mundtot machen wollte. Manchmal abends, manchmal morgens, manchmal in besonderen Situationen seines Lebens stand sein Leben wieder vor ihm, wie der Verteidiger vor dem dribbelnden Ronaldo. Er spürte: Geld ist nicht alles. Und Leben ist nicht nur Party. Er spürte: Eigentlich ist mein Leben hohl. Leer. Ich hab tatsächlich keinen, mit dem ich über das reden könnte, was mich abends wie morgens manchmal quält. Er spürte: Diese viele Leute um mich herum; die meinen nicht wirklich mich. Die meinen mein Geld. Eigentlich ist bei mir alles gnadenlos oberflächlich, richtig flach. Und die Worte an meinem Grab werden es auch sein. Er wusste es einfach. Er wusste, ohne sein Geld war er ein Nichts, ein Niemand. Es gab keinen, der ihn um seiner selbst willen mochte, gar liebte. Und darum war die Angst sein ständiger Begleiter. Die Angst vor dem Absturz. Vor dem Nichts. Er mied die Krankenlager und Leidenszentren dieser Welt, wie der Teufel das Weihwasser. Er umkurvte Krankheit, Leid, Sorge, Not und Tod wie Christiano Ronaldo die Stangen im Training. Er liebte es laut um sich herum, so hörte er die leisen Stimmen nicht. Und als er starb, kam es, wie er es für sich gedacht hatte. Über seiner Todesanzeige ein netter Spruch. Als geliebter Mensch, dem viele vieles verdanken, ging er von der Welt und wie sie ihn vermissten, aber er ahnte, dass sie ihn vergessen hatten, kaum das sie sein Grab zu schaufelten.

Bei seiner Beerdigung warme Worte des Pfarrers. Mit freundlichen Worten zeichnete er ein schönes Bild von ihm und wenn er gekonnt hätte, dann hätte er gerufen: „Das bin ich nicht. Das bin ich nicht nur“. „Ihr kennt mein Inneres nicht; wisst nicht, was ich alles verdrängt habe; kennt meine Ängste, meine Sorgen nicht; wisst nicht, wie ich darunter gelitten hab, nicht geliebt zu werden“. Und am Grab noch einmal, einer, der ihn lange gekannt hatte, erzählte und erzählte nur Gutes. Und wenn er gekonnt hätte, dann hätte er gerufen: „Ihr wisst doch alle, wie hohl die Worte sind, wie flach mein Leben war“. „Ihr denkt doch alle anders über mich“. Aber sie hörten ihn nicht und er? Er stand vor seinem härtesten Kritiker. Besser. Er sah seinen härtesten Kritiker. Er sah ihn; und es gab für ihn keinen Weg zu ihm. Und er sah sein Leben. Wie er es hätte leben können. Leben sollen. Er sah, wie es hätte sein sollen und können und wusste: Mein Leben ist verfehlt. Ich habe das falsche Leben gelebt. Und es gab keinen Weg zurück.

Es gab für ihn nichts mehr zu korrigieren. Die ganze Zeit sah er sein Leben. Ein erfüllt und zufrieden gelebtes Leben. So wie es hätte sein sollen und wie es für ihn vorgesehen war. Und er wusste, wo er war: Dies jetzt zu sehen. Diesen unglaublichen Schmerz über das verfehlte Leben zu spüren. Um seine ganzen falschen Entscheidungen zu wissen. Und nichts mehr ändern zu können. Das ist Hölle. Das brennt in der Seele und im Herzen.

„Wo stehst Du mit Deinem Leben?“, „Jetzt, in diesem Moment“, „Wie ist Deine Lebensbilanz?“, „Wer bist Du?“, „Wer bist Du geworden?“, „Wohin hast Du Dich entwickelt?“. Hätte er sich diesen Fragen doch nur gestellt. Immer und immer wieder. Jetzt brannten sie in seinem Gewissen und waren nicht zu löschen. Die Hölle für ihn. Er sah seinen hartnäckigsten Kritiker und rief ihm zu: „Kann ich nicht doch noch was korrigieren, was ändern und verbessern?“ „Nein. Du hattest Dein Leben und hast es zu Deinem Vorteil bis zur Neige ausgelebt. Und Du hast gewusst: In Deinem Leben legst Du die Entscheidungen für die Ewigkeit. Nichts von dem, was Du tust, tust Du einfach nur so. So zum Spaß. Und gemahnt und gewarnt, das Richtige zu tun, habe ich Dich oft genug. Morgens und spät abends. Und bei anderer Gelegenheit. Aber Du hast mich verdrängt. Du hast mich nicht hören wollen. Jetzt lebst du damit. Für immer“. „Ich hatte Dich dafür vorgesehen, meine Liebe auf Erden zu leben. Du solltest anderen eine Hilfe sein. Ich hatte Dir eine Menge Gaben und Talente in die Wiege gelegt, die solltest du entfalten. Andere sollten es durch dich besser haben; dafür hatte ich

Dich eingeplant. Aber Du hast deinen Egoismus gelebt. Nur an Dich gedacht“.

Er musste es akzeptieren. Es ging nicht anders. Aber er dachte an seine Geschwister. An seine Freunde. Dieses Schicksal wollte er ihnen um jeden Preis ersparen. „Kannst Du nicht jemanden zu ihnen schicken?“. „Kannst Du nicht ganz eindringlich mit ihnen reden, so dass sie Dich in keinem Fall überhören?“. „Weißt Du. Sie haben mein Wort. Sie haben meine Angebote zum Leben. Sie haben die ganze Bibel. Sie müssen nur lesen. Lesen und danach tun“. „Ja, ich weiß, das hatte ich ja auch. Aber ich habe ja auch nicht rein geguckt. Ich habe es doch auch nicht ernst genommen. Schick einen, einen den sie kennen, dann hören sie, bestimmt“. „Nein. Sie haben mein Wort. Sie haben die Bibel. Und wenn sie das nicht überzeugt, wenn sie danach nicht leben, dann werden sie es auch nicht tun, wenn einer von den Toten aufersteht und ihnen genau das sagt, was sie schon lesen konnten. Nein, ich werden keinen schicken“.

Zu Lebzeiten fallen Deine Entscheidungen und nur da. Du gestaltest Dein Leben und nur Du. Du entscheidest Dich für ein Leben mit Gott und nur Du. Du bestimmst, ob Du ein göttlicher Helfer wirst und nur Du. Du lebst Dein Leben für Gott und für andere und nur Du. „Wo stehst Du mit Deinem Leben?“ „Jetzt, in diesem Moment“ „Wie ist Deine Lebensbilanz?“ „Wer bist Du?“ „Wer bist Du geworden?“ „Wohin hast Du Dich entwickelt?“ Besser Du stellst Dir diese Fragen rechtzeitig, bevor ein anderer über Dich urteilt. Und zwar endgültig.

Liebe Gemeinde, Sie haben längst gemerkt, ich habe einen biblischen Text umschrieben. Versucht zu aktualisieren. Ich lese ihn jetzt im Original: Es war einmal ein reicher Mann, der sich in Purpur und feines Leinen kleidete und Tag für Tag herrlich und in Freuden lebte. Vor der Tür des Reichen aber lag ein armer Mann namens Lazarus, dessen Leib voller Geschwüre war. Er hätte gern seinen Hunger mit dem gestillt, was vom Tisch des Reichen herunter fiel. Stattdessen kamen die Hunde und leckten an seinen Geschwüren. Als nun der Arme starb, wurde er von den Engeln in Abrahams Schoß getragen. Auch der Reiche starb und wurde begraben. In der Unterwelt, wo er qualvolle Schmerzen litt, blickte er auf und sah von weitem Abraham, und Lazarus in seinem Schoß. Da rief er: Vater Abraham, hab Erbarmen mit mir und schick Lazarus zu mir; er soll wenigstens die Spitze seines Fingers ins Wasser tauchen und mir die Zunge kühlen, denn ich leide große Qual in diesem Feuer. Abraham erwiderte: Mein Kind, denk daran, dass du schon zu Lebzeiten deinen Anteil am Guten erhalten hast, Lazarus aber nur Schlechtes. Jetzt wird er dafür getröstet, du aber musst leiden. Außerdem ist zwischen uns und euch ein tiefer, unüberwindlicher Abgrund, sodass niemand von hier zu euch oder von dort zu uns kommen kann, selbst wenn er wollte. Da sagte der Reiche: Dann bitte ich dich, Vater, schick ihn in das Haus meines Vaters! Denn ich habe noch fünf Brüder. Er soll sie warnen, damit nicht auch sie an diesen Ort der Qual kommen. Abraham aber sagte: Sie haben

Mose und die Propheten, auf die sollen sie hören. Er erwiderte: Nein, Vater Abraham, nur wenn einer von den Toten zu ihnen kommt, werden sie umkehren. Darauf sagte Abraham: Wenn sie auf Mose und die Propheten nicht hören, werden sie sich auch nicht überzeugen lassen, wenn einer von den Toten aufersteht.

Wenn Sie denken: Ach, es geht also um reich und arm, und ich, ich bin nicht reich und auch nicht richtig arm; dann liegen Sie falsch. Wenn Ihr denkt: ach, es geht um Erwachsene, und ich, ich bin ja noch ein Jugendlicher, ein Konfirmand, dann liegt Ihr falsch. Es geht darum, wie Sie, wie Ihr, Eurer Leben gestaltet. Hören Sie dabei auf Gottes Wort oder hören Sie es nicht? Spielt Gott die entscheidende Rolle oder spielt er sie nicht?

„Wo stehst Du mit Deinem Leben?", „Jetzt, in diesem Moment", „Wie ist Deine Lebensbilanz?", „Wer bist Du?", „Wer bist Du geworden?". Diese Fragen sollten Sie nicht überhören, nicht verdrängen. Diese Fragen müssen Sie, müsst Ihr, vor Gott beantworten. Am Ende urteilt Gott in jedem Fall. Und es ist seine Gnade, seine Liebe, seine Sorge um uns, dass er uns diese Fragen stellt. Immer und immer wieder, damit wir das Leben nicht verfehlen und am Ende nicht mit leeren Händen dastehen. Es ist seine Gnade und Liebe, mit der er uns die Hände füllen will. Amen

Lukas 15, 11-32 „Wer bin ich.....?"

Äußerlich zufrieden, innerlich brodeln, das geht. Beim Menschen geht das. Bei Dir und mir. Nach außen heile Welt- Gefühlschaos nach innen - ist möglich.

Ein Lächeln im Gesicht und eine Seele, die weint. Wir können uns am Riemen reißen. Wir spielen den anderen etwas vor- wenn es sein muss. Wir verdrängen. Wir lassen uns nicht hinter die Fassade und nicht in die Karten gucken. Alles geht seinen Gang. Alles scheint in bester Ordnung. Haus, nett eingerichtet. Frau, seit Jahren die richtige. Kinder, nett und wohlerzogen. Arbeit. Okay. Man kann nicht klagen. Dabei lebt hier jemand, der innerlich schon lange ausgezogen ist. Hier liegt jemand mit Beklemmungen in den Armen seiner Frau. Hier begrüßt jemand seine Kinder mit einem Kuss, dabei sind sie ihm schon zur Last geworden. Hier täuscht jemand mit netten, schmeichelnden Worten eine Situation vor, die er immer mehr zum Teufel jagt.

Nach außen zufrieden. Innerlich total angeödet. Erst ein wenig, später immer mehr. Das Altvertraute. Täglich Immergleiche wird ihm zur Pest. Hier ist einer hin- und hergerissen zwischen Tradition, Verantwortung, Pflicht und dem immer stärker werdenden Wunsch, alles hinter sich lassen zu können. Hier hält einer eine Situation aufrecht, die er kaum noch ertragen kann und wartet nur auf den rechten Moment, um ab zuspringen. Um alles hinter sich zu lassen. Mir fallen sofort einige Frauen ein, denen es mit ihren Männern so ergangen ist. Und Männer, die es mit ihren Frauen nicht anders erlebt haben. Und Kinder, denen es mit Mutter und Vater so ergangen ist. Leben in zwei Welten. Das geht.

Innerlich ist der jüngst der beiden Söhne schon ausgezogen, in der Geschichte, die Jesus erzählt. Ihr kennt diese Geschichte als die Geschichte von dem verlorenen Sohn. Er lässt es sich noch nicht anmerken, aber innerlich hat er das Leben bei seinen Eltern und mit seinem Bruder lange satt. Er spielt weiter mit, bis es nicht mehr geht. Es geht ihm furchtbar auf die Nerven, die zweite Geige spielen zu müssen. Die lieben netten Worte seines gutmütigen Vaters. Hohles Gerede in seinen Ohren. Die liebevollen Streicheleinheiten seiner Mutter. Kindisches Gehabe in seinen Augen. Die vier Wände seines Geburts- und Elternhauses. Ein Ort, der seine Seele gefangen hält. Bloß weg hier. Fluchtgedanken. Wie kann das sein? Jahrelang sind wir mit unserem Leben zufrieden. Ist gut so. Wir lieben es. Und plötzlich schleicht sich der Gedanke ein: „Das ist öde, was Du machst. Du verpasst was. Das ist nicht dein eigentliches Leben. Das bist nicht Du. So willst Du nicht leben“. Ja, aber was ist es denn? Wer bist Du denn? Und weißt Du denn, wie du leben willst? Weißt Du, wie Du leben solltest? Hast Du ein Bild vor Augen? Weißt Du, wie Du dich entfalten willst? Wohin soll es denn gehen mit Dir?

Jahrelang sind die Menschen an deiner Seite die richtigen und plötzlich dreht sich was: „Du mäkelst innerlich, du mäkelst äußerlich. Sie können es dir nicht mehr recht machen. Du entfremdest Dich von ihnen. Deine eigene Geschichte mit deinen Menschen wird dir fremd. Du hältst es für eine vertane Zeit. Und das Gute, was Ihr gemeinsam erlebt habt, kommt dir immer mehr aus dem Blick“. Der jüngere Sohn, von dem Jesus erzählt, der hat ein Bild von sich. Und das stimmt nicht mit seinem aktuellen Leben überein.

Er wünscht es sich anders. Und das macht ihn unzufrieden. Er muss sich verändern. Seinem Bild von sich näher kommen. Aber was ist das für eins? Welches hast Du denn von Dir? Wie bist Du und wie willst Du sein? Wohin Dich entwickeln? Der jüngere Sohn aus der Geschichte geht. Er sucht sich selbst. Aber neben dem Bild, das er selber von sich hat, steht noch ein anderes. Das von seinem Vater. Und der liebt seinen Sohn. Der sich von seinem Vater entfremdende Sohn ist der geliebt Sohn. Er weiß das bloß nicht. Er kann das jetzt nicht erkennen. Dazu ist er zu unzufrieden. Dazu ist er zu sehr mit sich selbst beschäftigt. Zu sehr auf der Suche nach sich selbst.

Sein Vater könnte ihm das sagen: „Mein Sohn, ich liebe dich; Du musst nicht gehen. Du kannst Dich doch auch in meiner Nähe entfalten, verwirklichen“. Er würde das nicht hören. Er würde es in den Wind schlagen. Oder hörst Du diese Worte? Du weißt, dass Gott der Vater in dieser Geschichte ist. „Suchst Du Dich in Gott?“ Oder wo suchst Du Dich? Welche Wege gehst Du, um Dich zu verwirklichen?

Der jüngere Sohn lässt sich sein Erbe auszahlen und macht sich auf den Weg. Er muss seine eigenen Erfahrungen machen. Auch wenn die schmerzlich werden. Es ist ja eine merkwürdige Geschichte, dass wir Gott erst dann glauben, dass er uns liebt, wenn wir an uns selbst verzweifeln. Seltsam, dass wir erst dann in Gott ruhig werden, wenn uns die eigene Unruhe gepackt und geschüttelt hat.

Jetzt hat er die Taschen voller Geld. Immer oben auf. Kann tun und lassen, was er will. Nicht mehr unter der Fuchtel des Alten. So fühlt sich Freiheit an. Himmel hoch jauchzend. Er kann es noch gar nicht fassen, dass es so einfach war abzuhauen. Für ihn ein scharfes Gefühl: Denen habe ich´s gezeigt. Den Spießern zu Hause. Den Unkenrufern. Den Bedenkenträgern. Jetzt habe ich Geld in der Tasche und jetzt wird gelebt. Freunde sind genug da. Freundinnen auch. Spaß ebenfalls. Es sieht gut aus. Und fühlt sich auch gut an. Und gleichzeitig fühlt sich das furchtbar ungut an: Lieben die mich oder mein Geld? Dieses Britney Spears- und Robin Williams Gefühl. Er genießt es, wenn sie ihm auf die Schulter klopfen; ihm jedes Wort bestätigen, alles toll finden, was er sagt und macht; aber es schleicht sich ihm der Gedanke ein, ob das alles echt ist. Reden die mir nach dem Mund, weil es sich in meiner Nähe eben auch gut leben lässt? Wen meinen die denn? Den eigenen Vorteil oder mich als Menschen?

Jeder Blick in die Zeitung zeigt: Für Menschen mit Geld, mit besonderer Begabung ein echtes Problem; und eins an dem viele wie jetzt Britney verzweifeln. Aber so viel anders ist das für uns auch nicht: „Wer liebt dich um deiner selbst willen? Wer liebt dich, so wie du bist? Bei wem fühlst du dich, ohne wenn und aber geborgen?“ „Bei wem kommst Du absolut ohne Maske aus?“ Wer hat so ein Bild von Dir, wie der Vater in der Geschichte, die Jesus erzählt?

Sein Vater könnte ihm jetzt sagen: „Komm zurück, mein Junge, ich liebe dich“. Er würde das immer noch nicht hören. „Lass deine Selbstüberschätzung und deinen Selbstzweifel hinter dir“. Und wie oft hängen wir zwischen diesen beiden Polen: Ich kann alles, und wenn nicht alles, dann doch dies eine oder andere super gut; ich bin ein Hero, die Leuten mögen mich, müssen mich mögen. Ich bin einfach gut.

Und dem anderen: Ich kann nichts. Ich versage. Keiner mag mich. Ich bin allein auf weiter Flur. Äußerlich auf stark machen, innerlich an sich selbst verzweifeln. Nach außen einen Panzer zulegen und nach innen nach Liebe schreien. Bei uns Menschen geht das. Bei Dir wie bei mir. Mit diesen Bildern von sich selbst, dem starken und dem schwachen, damit lebt er. Damit lebst Du, lebe ich.

Sein Vater könnte ihm sagen: „Mein Sohn. Komm zurück, befreie dich von deiner inneren Unruhe; Du bist und bleibst mein geliebtes Kind“. Er würde das nicht hören. Hörst Du das? Du könntest es hören. Gott sagt Dir das ja auch. Mir und Dir. Darum erzählt Jesus uns die Geschichte doch. *In Gottes Augen bist Du ein geliebter Mensch*.

Der jüngere Sohn muss seinen Weg gehen. Er muss erst an den anderen, den sogenannten Freunden, verzweifeln, und das tut er, als er sein Geld ausgegeben hat. Dann ist er allein. Aber so richtig. Er hat das, was ihn beliebt gemacht hat, aus der Hand gegeben. Er hat verloren. Und das ist ein bitterer Moment. Das ist eine tief schmerzende Erkenntnis: *Ich hab eigentlich nichts, was mich beliebt macht. Ich hab nichts mehr in der Hand, womit ich mein Selbstbewusstsein füttern kann.* Und unser Selbstbewusstsein ist ein gefräßiges Tier. Ich denke: Ihr wisst das. Komisch, dass wir solche Umwege gehen müssen, um Gott glauben zu können - seltsam: Wir müssen erst an uns selbst verzweifeln, um anfangen zu können, Gott zu vertrauen. Und gleichzeitig ist dies der Moment, an dem ich mit allen Fasern meines Herzens nach Antworten suche. Das ist der Augenblick, an dem meine Ohren voll auf Empfang stehen und ich dankbar jedes Wort aufgreife, das mich stark machen könnte. Das musst Du nutzen.

Jetzt hinhören. Gott hören: „Du bist mein geliebtes Kind“. Er ist leider noch nicht so weit. Er versucht´s weiter. Will sich weiter allein durchwursteln. Dann kommt eine Hungersnot. Die äußeren Umstände. Sein Geld hat er selbst ausgegeben. Aber das hier, das kann er nicht beeinflussen. Das kann er nur erdulden. Aushalten. Er wollte sich entfalten. Seinen eigenen Weg gehen. Sich verwirklichen. Sich selbst erfahren. Seinem Bild von sich nachjagen. Er hat seine Fehler gemacht. Jetzt trifft ihn das Schicksal. Spätestens hier ist der Punkt, an dem wir anfangen, Gott für unsere Misere verantwortlich zu machen. „Wie kannst Du das zulassen, Gott?“ „Wenn es Dich gibt, Gott, dann würde´s mir nichts so mies gehen“. „Ach, hör mir bloß auf mit Gott, wo war der denn als ich ihn einmal brauchte“. Gott, Eltern, Umstände, alle sind schuld, weil ich nicht so leben kann, wie ich will.

Aber so reagiert der jüngere Sohn nicht, von dem Jesus erzählt. Der ist ganz unten angekommen. Der ist absolut am Ende. Selbstbewusstsein, was soll das noch sein? Aber damit ist er genau da, wo es anders werden kann. „*Ich* hab mich in mein Unglück manövriert. *Ich* hab eben nichts mehr in der Hand und *ich* weiß, dass es so ist. *Ich* habe gesündigt. Und was ist das für ein Bild, das er jetzt von sich hat? *Ja, das ist das Bild eines Menschen, der seine Hilfe absolut auf Gott wirft, der ab sofort von Gott alles erwartet. Der weiß: Ruhig wird mein Herz, wenn es bei Gott angekommen ist.* Und er wird sich sagen: Es macht einen Unterschied, ob ich von Gott und Mensch verlassen hungern muss oder ob ich hungere und weiß mich dabei von Gottes Liebe gehalten und getragen. Oder etwa nicht?

Natürlich ist das ein Unterschied. Ist doch auch ein Riesenunterschied, ob Du all Deine Gefühle, deinen Selbstzweifel wie Selbstüberschätzung mit Gott oder ohne Gott leben musst. Es ist einfach etwas anders, ob Du selbst um deine Würde, dein Ansehen kämpfen musst oder ob Du glauben kannst, dass Gott selbst Dir Würde und Ansehen schenkt. Es ist einfach etwas anders, ob Du dein Selbstbewusstsein selbst fütterst, oder ob dies dein Selbstbewusstsein ist: *In Gottes Augen bin ich wer. Ich bin Gott seinen Sohn wert. Gott liebt mich, das denke ich von mir.*

Am Schluss ist der jüngere Sohn zwar am Ende. Aber auch wieder am Anfang. Ist doch seltsam, dass wir solche Wege gehen müssen, um unserem Gott seine Liebe zu uns zu glauben. Und es ist echte Gnade, dass der jüngere Sohn in seiner Situation nicht umkommt; und es ist echte Gnade, wenn wir - Du wie ich - dahin kommen: Gott seine Liebe zu glauben und damit zu leben.

Der jüngere Sohn, erzählt Jesus, macht sich auf den Weg zurück zu seinem Vater. Und der rennt ihm entgegen. Orientale rennen nicht --- die gehen. Und ältere Männer rennen schon gar nicht.

Jesus erzählt: Gott rennt Dir entgegen. Gott rennt, um Dir zu sagen: Ich hatte und habe immer mein Bild von Dir. Du bist und bleibst mein geliebtes Kind. Wenn Du Dich von mir entfernst. Wenn Du versuchst, dich ohne meine Liebe zu verwirklichen. Wenn du versuchst, ohne meine Hilfe dein Leben zu leben. Wenn du von Selbstüberschätzung und Selbstzweifel geplagt bist. Wenn dein Selbstbewusstsein absolut unter die Räder gekommen ist. Und Du dein Bild total zerstört hast. Immer bist Du der von mir geliebte Mensch. Und wenn Du zu diesem Bild zurückgekehrt. Dann rennt Gott dir entgegen und freut sich. Und im Himmel singen sie ein Halleluja nach dem anderen.

Mensch: Du bist wieder zu Hause. Wenn Gott mich gefunden hat, wenn ich mich von Gott habe finden lassen, dann muss ich mich nicht länger selber suchen. Wer bin ich? Du kennst mich, dein bin ich, mein Gott. Dein geliebtes Kind. Amen

Evangelien

Matthäus 4, 1-11: Die zarteste Versuchung, seit es Schokolade gibt

Ilse sieht sich im Spiegel. „Sollte ich wirklich schon wieder zugelegt haben? Heinz übertreibt doch ein bisschen - oder etwa nicht? Hab doch gar nicht zu viel gegessen, die letzten Tage. Woher soll das jetzt denn kommen? Ist aber auch ein Elend mit mir, dass ich das gleich mit Gewicht bezahle, wenn ich einmal gesündigt habe. Andere können essen wie sie wollen und werden nicht dicker“. Ilse saust zur Waage. Sie wagt es und tritt drauf. 2 Kilo mehr. Heinz hat also recht gehabt. „Ich bin dicker geworden". Was tun? Ilse wird in der nächsten Zeit mehr Sport treiben, nimmt sie sich jedenfalls vor. Sie wird auch kalorienbewusst essen, das schwört sie sich. Dieses Mal, jedenfalls bestimmt. Denn Ilse kennt sich. Sie wird so leicht schwach, sie gibt so leicht nach, den Essensgelüsten. Sieht auch immer total gut aus, das Essen, wie soll sie da bloß verzichten. Aber jetzt versucht sie es, mit Willenskraft. Ilse hält durch - einige Tage lang. Ilse hat manchmal richtigen Heißhunger auf Süßes, aber sie bleibt hart. Und ist stolz auf sich. Ilse sitzt vor dem Fernseher. Sie denkt an Knabberzeug, denkt an Schokolade. Da läuft eine Kuh, eine lila Kuh, über den Bildschirm. Ilse sieht einen alten Bauern, der sich oben auf der Alm genüsslich ein Stück Schokolade auf der Zunge zergehen lässt. Milka, die süßeste Versuchung, seit es Schokolade gibt. Ilse ist nicht mehr zu halten. Sie saust zum Kiosk, kauft sich lila Schokolade. Ilse verdrückt zwei Tafeln. Sie wusste gar nicht mehr, wie gut Schokolade schmecken kann. Ilse schmatzt immer noch. Ilse fühlt sich schlecht, ihr ist nicht schlecht, sie fühlt sich schlecht, denn Ilse hat einen Kampf verloren. Schon wieder hat sie mit ihrem Willen nicht dagegen gehalten. Sie ist gefrustet. Ilse schimpft auf diese blöde Werbung, „warum musste diese lila Kuh zu diesem Zeitpunkt über den Bildschirm laufen? Warum musste ich zu diesem Zeitpunkt überhaupt vor dem Fernseher sitzen? Hätte doch ganz woanders sein können"?

Ilse macht die Werbung, sie macht die Umstände, sie macht ihre Eltern, sie macht alle Welt verantwortlich. Aber Ilse weiß ganz genau, dass sie selber schuld ist, sie hat der Versuchung nachgegeben, sie und kein anderer. Und Ilse spürt das auch als sie am nächsten Morgen auf der Waage steht, da ist sie wieder zwei Kilo dicker - arme Ilse.

Liebe Gemeinde,

das hier mit Ilse, das ist eine harmlose Versuchung. Kein Grund, sich große Sorgen zu machen. Irgendwann wird sie es schaffen, ihr Gewicht zu halten, bestimmt. Es gibt Versuchungen anderer Art, die ganz und gar nicht harmlos sind. Versuchungen zwischen Frau und Mann, wenn Menschen, die in festen Beziehungen leben, ihnen nachgeben, dann bleiben verletzte und verwirrte Seelen zurück, dann zerbrechen Beziehungen. Es ist schon ein seltsam Ding, aber ein jeder von uns kennt das, dass er im Laufe seines Lebens immer wieder auf die Probe gestellt wird. Ein jeder von uns kennt diese leise Stimme, die uns verlockend ins Ohr flüstert: „Das darfst du schon..., das ist doch nicht so schlimm..., mach dir keine Gedanken, das wird gut ausgehen". Wir haben etwas als richtig und vernünftig erkannt - natürlich ist es gut und richtig, der eigenen Frau und dem Mann treu zu sein, alles andere ist ein schlimmer Vertrauensmissbrauch - und doch wird die Versuchung mächtig und mächtiger, bis es kein Halten mehr gibt.

Ilse will ihr Gewicht halten, will nicht zwei Kilo mehr wiegen und doch rennt sie zum Kiosk. Sie denkt nur noch Schokolade. In der Versuchung fixiert sich alles auf diesen einen Punkt und alles andere wird nebensächlich. Die Geschichte mit Ilse ist harmlos, zumeist ist es schwerer. Irgendetwas tritt an uns heran, irgendeine Macht nimmt uns gefangen, wir werden versucht. Die Bibel nennt den Versucher Teufel. Und doch können wir uns nicht herausreden, als hätten wir keine Schuld, wir erliegen der Versuchung und kein anderer, wir können dem Teufel nicht die Schuld in die Schuhe schieben.

Wir können der Versuchung aber auch widerstehen, wir können die Einflüsterungen des Teufels abwehren, wie dem auch sei, wir geben unseren Teil dazu.

Wie geht Jesus mit der Versuchung und mit dem Versucher um? Matthäus 4, 1 - 11: Jesus wird vom Geist in die Wüste geführt, um vom Teufel versucht zu werden.

Jesus hatte vierzig Tage und vierzig Nächte gefastet. Er hat großen Hunger. Da kommt der Versucher und sagt zu ihm: Ja, wenn du der Sohn Gottes bist, dann sage doch zu diesen Steinen, dass sie Brot werden sollen. Zwischendurch gesagt: Der Teufel ist nicht dumm, er packt da zu, wo es weh tut. Er setzt da an, wo er sich am meisten Erfolg verspricht. Jesus hat Hunger! Na, dann mach dir doch aus Steinen Brot. Wir sollten nicht glauben, dass der Teufel dumm und einfallslos ist, der weiß, was er will und wie er da hinkommt. Jesus antwortet: In der Bibel steht aber: Der Mensch lebt nicht vom Brot allein, sondern von einem jeden Wort, das *Gott* spricht. Die erste Versuchung ist fehlgeschlagen.

Jetzt nimmt der Teufel Jesus mit in die heilige Stadt, er geht mit ihm oben auf das Flachdach des Tempels. Ja, wenn du der Sohn Gottes bist, dann kannst du das jetzt den vielen Menschen zeigen, die da unten stehen und zu uns herauf gucken. Schmeiß dich einfach herab, denn es steht doch in der Bibel: Gott wird seinen Engeln befehlen, dass sie dich auf Händen tragen, damit du deinen Fuß nicht an einen Stein stößt. Der Teufel ist ein alter Rattenfänger. Er kennt sich aus in der Bibel, jetzt versucht er Jesus mit einem Gotteswort. „Dein Vater wird es doch nicht zulassen, dass du zum Krüppel wirst, wenn du dich runter stürzt. Er wird dir helfen. Und alle werden es sehen. Und dann werden sie dich als Sohn Gottes anerkennen. Mensch Jesus, das ist doch eine gute Gelegenheit, den Menschen zu zeigen, wer du bist. Es steht aber ebenso in der Bibel: Du sollst *Gott, deinen Herrn*, nicht herausfordern, sagt Jesus. Zweite Versuchung fehlgeschlagen.

Aber so schnell gibt der Teufel nicht auf, da brauchen wir uns keiner Illusion hinzugeben. Der versucht dich bis zuletzt - bis aufs Sterbebett. Er versucht Jesus bis ans Kreuz. Noch dort spricht der durch einen Soldaten, wenn du Gottes Sohn bist, dann steig doch vom Kreuz herab. Aber jetzt nimmt der Teufel Jesus mit auf einen hohen Berg, er zeigt ihm, was es von dort oben zu sehen gibt. Er zeigt in die Ferne, erinnert an die Länder, die Staaten: Das alles gehört dir, ich werde es dir geben, wenn du nur auf die Knie fällst. Du musst mich anbeten. Endlich kommt der Satan mit dem heraus, was er wirklich will, alles andere war nur Vorgeplänkel. Der Sohn Gottes soll vor ihm auf den Knien liegen, absurd der Gedanke: der Sohn Gottes soll den Satan als seinen Herrn und Gott anerkennen. Hinweg und aus meinen Augen, Satan, so reagiert Jesus - hinweg: Du sollst Gott, deinen Herrn anbeten, ihm allein sollst du dienen. Der Teufel hat nur ein Motiv. Seinen Hass gegen Gott. Er versucht alles, um uns Menschen zu verwirren, er stiftet Chaos, er verletzt die Gefühle. Er versucht alles, um uns von Gott abzubringen. Und er lässt dabei nicht locker, niemals.

Es geht hier nicht um Schokolade und zwei Kilo mehr oder weniger, es geht um unser Leben, um unser Verhältnis zu Gott. Hier versucht der Teufel uns, in unserem Glauben an Gott zu verwirren. Den Teufel erkennen Sie nicht an seinen Hörnern, seinem Dreizacken oder an seinem Pferdehuf. Der kommt ganz anders daher, heimlich, still, nett und zuvorkommend. Er spricht vernünftig, und dann schießt er giftige Pfeile ins Herz. Dann sitzt das Ding erst einmal da, schmerzt und lässt sich so leicht nicht raus ziehen. „Siehst Du nicht das Leid in der Welt, wie kann es da einen Gott geben?" „Wenn ein Mensch tot ist, dann ist er tot, tot wie eine Ameise, eine Auferstehung gibt es nicht." So spricht es aus dem Mund einer netten Ärztin. Und schon nagt der Gedanke an dir, ob du denn diesen Glauben durchhalten kannst.

Ich habe vor nicht allzu langer Zeit, Protokolle einer theologischen Tagung gelesen. Es ging dabei um die Frage, ob denn Gott Gebete erhört. Greift Gott in unser Leben ein, heilt er wirklich, wenn ich ihn darum bitte? In diesen Protokollen standen Berichte von Menschen, die erzählten, dass Gott eben nicht erhört und eingegriffen hatte. Also schloss man daraus, dass Gott sich überhaupt nicht um uns kümmere.

Wir sollten diesen Gedanken an den Gott, der Gebete erhört, lieber in die Mottenkiste packen, dies würde dem Glauben nicht schaden. Der Teufel versucht´s und spricht durch theologische Protokolle. Und dann geht dir so etwas im Kopf herum, verwirrt dich, weil es sich mit eigener Erfahrung deckt. Du hast auch schon gebetet und deine Gebete wurden nicht erhört - schon nagt der Zweifel. Was soll ich dagegen tun? Jesus kontert den Versuchungen mit den Worten der Bibel. Jesus ist seinem Vater gehorsam. Er weicht keinen Millimeter von seinem Vater ab. Wir widerstehen dem Teufel nur, wenn wir uns an Gott halten, wenn wir uns im Gebet an ihn klammern, wenn wir keinen Millimeter von ihm weichen. Wir schlagen dem Teufel nur dann die Tür vor der Nase zu, wenn wir uns an das Wort Gottes halten.

Martin Luther hat die Versuchung des Satans so intensiv erfahren, dass er mit einem Tintenfass nach ihm geworfen hat. Und er hat sich an Gott geklammert. Nur so werden wir diese elenden Versuchungen überleben. Das Leben als Christ ist alles andere als harmlos. Ein Christ lebt kämpferisch und gewinnt nur an der Seite Gottes.

Am Ende noch dies: der Teufel versucht, sein Gift zu streuen, immer und allezeit. Und ich will dazu etwas sagen, dass wir ihn bei dem, was er vorhat, kaum erkennen. Als Christ ist man durch seinen Herrn Jesus ja schon gut vorbereitet und gewappnet, aber der Teufel versucht es bei allen Menschen, Völkern und Staaten. *„Den Teufel spürt das Völkchen nie, /und wenn er sie beim Kragen hätte."*

Wie viele haben sich täuschen, haben sich verführen lassen in unserem Volk in der Zeit des Nationalsozialismus. Viele haben gar nicht begriffen, was da vor sich ging, als die NSDAP und der Führer sich ihr christliches Mäntelchen umhängten und die Menschen betörten. Erst nach und nach legten sie ihre Maske ab.

Zum Schluss sah man dann die teuflische Fratze, der man lange hinterher gelaufen war, das waren höllische Zeiten. Der Satan ist ein Meister der Tarnung. Und er hat sich seitdem nicht zur Ruhe gesetzt. Der Teufel sitzt nicht irgendwo auf der Bank und dreht Däumchen, der arbeitet schon lange an seinem neusten Plan. Er redet ganz vernünftig, wie das so seine Art ist, er hat eine neue Maske auf.

Vor einiger Zeit gab´s im 1. Programm einen Bericht zum Thema Sterbehilfe. Gezeigt wurden Menschen mit einem apallischen Syndrom. Diese Menschen leben in einem Wachkoma. Bei ihnen wurde durch einen Unfall das Gehirn, Teile des Gehirns, verletzt, so dass man als Außenstehender den Eindruck hat, dass diese Menschen nicht mehr auf die Außenwelt reagieren. Sie gucken einen mit großen Augen an, aber anscheinend nehmen sie nichts mehr wahr.

Sie müssen gefüttert, müssen ernährt werden, das können sie nicht mehr selber. Und nun bricht die alte Diskussion wieder auf, wann ist das Leben lebenswert, was gehört zum Leben dazu. Ist das noch ein Leben, wenn Menschen nichts mehr mitkriegen? Und dann die nächste Frage, was sollen wir mit ihnen machen? Sollen wir sie leben lassen? Oder sollen wir sie einfach nicht mehr ernähren? Nach 3 Wochen werden sie dann vor Hunger sterben. Aber vielleicht ist das auch ein bisschen gemein, also geben wir ihnen eine Todesspritze, das geht schneller, wir wollen doch menschlich sein. In dem Bericht trat ein Rechtsprofessor, ein paar Ärzte auf, ein Neurologe war darunter. Sie waren sehr dafür, diese Menschen sterben zu lassen. Hört sich richtig vernünftig an, wenn er so sagt: Diese Menschen nehmen doch nicht mehr am Leben teil, sie vegetieren doch nur so dahin. Wir tun doch nur Gutes, wenn wir sie sterben lassen. Natürlich - und ich füge hinzu - es wird ja auch billiger, wenn wir sie um die Ecke bringen, dann fallen sie der Krankenkasse nicht zur Last, dann können wir die Lohnnebenkosten senken - alles vernünftige Argumente.

Und dann wäre es doch auch vernünftig, wenn wir ihnen ihre gesunden Organe wegnehmen, bevor wir ihnen die Todesspritze setzen, damit könnte Vielen geholfen werden - wir täten noch was Gutes.

Aber, warum sollen wir eigentlich nur die Patienten mit einem Wachkoma ins Jenseits befördern? Es gibt doch viele Menschen, die kein lebenswertes Leben mehr führen, was ist dann mit den Alzheimer Patienten? Was ist mit den Kindern mit schweren Schäden und Behinderungen? Sie leben doch nicht wirklich und kosten nur unendlich viel Geld, also .... Vielleicht sollten die Ärzte, wenn sie einen Kranken untersucht haben, gleich einen Vorschlag mit einreichen, ob es sich lohnt, diesen Patienten zu behandeln, wir könnten das Geld auch einsparen, wenn sich herausstellt, dass er sowieso nicht zu heilen, dass ihm im Grunde nicht zu helfen ist.

So spricht der Teufel. Der dreht keine Däumchen. Das glauben wir bloß nicht. Der bastelt an neuen höllischen Zeiten. Aber so weit kommt es, wenn wir nicht auf Gott hören, wenn wir den Menschen nicht als sein Geschöpf sehen. So weit kommt es, wenn wir selbst uns anmaßen, Herr über Leben und Tod zu spielen. Als wenn wir wirklich wüssten, welches Leben lebenswert ist und was nicht, welch teuflische Anmaßung.

Die Geschichte mit Ilse und ihren 2 Kilo mehr oder weniger, die ist wirklich harmlos. Die Geschichte mit dem Teufel, die ist ernst, todernst. Und wir sehen ihn nur hinter seiner Tarnkappe, wenn wir uns die Augen durch Gottes Wort scharf machen lassen. Wir halten den Versuchungen des Satans als Christen nur statt, wenn wir unserem Gott gehorsam sind, wie Jesus es war.

Und nun ganz am Ende: In dem Fernsehbericht geht es auch um die Tochter eines Arztes, er ist Internist. Bis vor wenigen Jahren hatte er dafür gesprochen, den Wachkomapatienten das Sterben zu ermöglichen, wie es schön verschleiernd heißt. Dann verunglückt seine eigene Tochter. Sie liegt 2 ½ Jahre im Wachkoma, dann zeigt sie plötzlich vorsichtige Regungen, es vergehen 3 weitere Jahre und nach 5 ½ Jahren ist sie wieder voll bei Bewusstsein. Natürlich muss sie alles wieder erlernen, sprechen, schreiben, lesen. Heute ist sie in nichts mehr von einem gesunden Menschen zu unterscheiden. Sie hat ein Studium begonnen. Und sie hat keinen Schaden zurückbehalten.

Heute spricht ihr Vater von Mord, wenn man einem Komapatienten nichts mehr zu essen gibt.Es ist teuflisch, wenn trotz eines solchen Beispieles weiterhin davon geredet wird, dass wir Wachkoma-Patienten das Sterben ermöglichen müssen, weil sie doch vom Leben angeblich nichts mehr haben. So angeblich vernünftig reden wir daher, und der Teufel lacht sich ins Fäustchen. Wir können ihm das Lachen nur schwer machen, wenn wir auf Gottes Wort hören - und dazu helfe uns Gott -. Amen

Markus 12, 41-44: Da fasst man sich doch an den Kopf

Sie liebt Gott. Eine Frau, eine Witwe, eine arme noch dazu, wird uns in diesem Gottesdienst zeigen, was das Herzstück unseres Glaubens ist: *Unsere Liebe zu Gott.* Sie liebt ihn nicht, weil sie jemanden wie Gott eben lieben muss. Wie soll das gehen? Jemanden lieben müssen. Sich zu zwingen, jemanden zu lieben? Auch wenn´s Gott ist? Sie liebt ihn nicht, weil sie meint, ihn lieben zu müssen, um Gott so positiv zu stimmen, damit es ihr und ihren Menschen gut geht. Gott als unser Schicksal. Ach, sie ist Witwe, sie ist arm. Sie hat genug mitgemacht. Sie liebt Gott um seiner selbst willen. Ohne Absicht. Sie liebt ihn als Gott. Hat ihn nie gesehen, ihn nie gehört. Aber sie liebt ihn. Wieso? Wieso liebt diese arme Witwe Gott? Sie kennt ihn. Sie hat von ihm gehört. Schließlich hat sie eine Bibel zu Hause. Liest auch drin. Schließlich geht sie in den Gottesdienst. Aber das ist es nicht, jedenfalls ist das nicht alles.

Gott selbst hat sich ihr gezeigt. Oder, wie soll ich das sagen? Gott selbst hat ihr das Herz aufgeschlossen. Für sich. Für ihre Liebe zu ihm hat er ihr Herz aufgeschlossen. Es hat einen Moment in ihrem Leben gegeben, in dem Gott ihr ganz nahe gekommen ist. Sagen wir´s ruhig: Er hat sich ihr aufgedrängt. Und sie hat es zugelassen. Viel mehr als das: Sie selbst. Die arme Witwe. Sie hat Gottes Liebe gespürt. Wie eine Welle ist seine Liebe durch ihren Körper gezogen. Und sie, mit allem, was sie durchgemacht hat: Mann verloren, in kümmerlichen Verhältnissen gelebt. Sie fühlt mit Haut und Haaren: Gott. Der Gott. Der Schöpfer dieser Welt. Der die Israeliten aus Ägypten geführt hat. Der Vater Jesu Christi. Der liebt mich. Das fühlt, das spürt sie. Und liebt Gott.

Sie zeigt uns, wie sie mit dieser Liebe lebt. Sie zeigt uns, was diese Liebe zu Gott aus ihr macht. Aber dazu muss ich ein bisschen mehr von ihr erzählen. Also zum Predigttext für heute. Lukas 12, 41-44. Jesus hat sich im Tempel gegenüber vom Opferstock hingesetzt und beobachtet, wie die Menschen ihre Opfergabe in den Opferstock werfen. Tut man das? Ich hab ja von Jesus eine hohe moralische Meinung. Aber, wie würden wir reagieren, wenn am Ausgang unserer Kirche sich jemand einen Stuhl hinstellt und zuguckt, was wir in den Opferstock werfen. Na. Ganz koscher ist das nicht.

Im Tempel von Jerusalem war das anderes. Wir betreten eine große Halle. Und in dieser Halle stehen 13 Behälter. Trichterförmig nach oben offen. Und 12 Behälter sind einem bestimmten Spendenzweck zugeordnet. Da kommen feste Beträge rein. Der Tempel und die Tempeldiener müssen schließlich bezahlt werden. Der 13. Behälter ist für freiwillige Zwecke. Und die Gottesdienstbesucher werfen das Geld nicht einfach ein. Da hätte Jesus gar nicht sehen können, was die einzelnen einwerfen.

Nein. Sie geben ihre Spende einem Tempeldiener. Der prüft das Geld, ob das auch echt ist. Soll damals schon Leute gegeben haben, die Knöpfe in den Klingelbeutel[3] werfen. Der prüft also. Dann

3 Unserer Kirchenvorsteher sammeln mit dem Klingelbeutel während des Gottesdienstes bei einem Lied für diakoni-

ruft er laut, was gespendet wurde und wirft das Geld in den Behälter. *Vielleicht sollten wir das auch einführen.*

Und Jesus sitzt und guckt sich das an. Und es kommen viele reiche Leute und geben entsprechend viel. Und der Tempeldiener ruft die stolze Summe, und der Spender geht zufrieden in den Tempel. Dann kommt eine arme Witwe. Sie gibt dem Tempeldiener zwei kleine Silberstücke. Der guckt sich die Silberstücke an. Ruft die Summe, und die Witwe geht in den Tempel. Jesus hat sich die Szene genau angeguckt. Jetzt ruft er seine Jünger und sagt: „Amen, ich sage euch. Diese arme Witwe hat mehr als alle anderen in den Opferstock getan. Alle haben aus ihrem Überfluss gespendet. Diese Witwe hat aus ihrem Mangel gespendet, alles was sie hatte. Ihr ganzes Leben".

„Geht´s hier ums Spenden?" Wenn Du viel Geld hast und gibst einen bestimmten Betrag. Ja. Dann tut´s ja nicht richtig weh. Fällt ja kaum auf. Fordert uns Jesus mit dieser Geschichte auf, so viel zu spenden, dass es richtig weh tut. Ordentlich was geben und dafür auf anderes verzichten? Sollen wir bei Kirchens alle arme Kirchenmäuse werden? Ich glaub nicht. Sagt er uns. Es ist vollkommen wurscht, wieviel einer spendet. Ob 500 € Kirchgeld oder 20 €? Ihr vom Kirchenvorstand dürft den einen nicht freundlicher behandeln als den anderen? Ihr müsst auch gucken, wieviel die Leute überhaupt im Portmonee haben. Eine arme Witwe hat eben nicht so viel wie ein reicher Bauunternehmer. Leute, es kommt auf den Einsatz an. Kann man aus seiner Geschichte hören, aber das Wichtigste ist es nicht.

Es soll damals vorgekommen sein, dass die Tempeldiener sich über die kleinen Summen armer Leute lustig gemacht und die Reichen sie so richtig abgelästert haben. Will Jesus also sagen: „Geht vernünftig miteinander um. Arm und reich. Nur gemeinsam sind wir stark?" Steht da nirgends.

Oder sagt er: „Macht´s wie die arme Witwe. Lasst euch nicht von eurem Besitz knechten. Wer viel hat, der macht sich viele Sorgen. Je mehr wir besitzen, desto größer unsere Angst zu kurz zu kommen. Wer zwei Mal im Jahr in Urlaub fährt, beneidet die, die drei Mal fahren. Wer ein neues Auto hat, hat Angst vor dem ersten Kratzer. Wer die Karriereleiter hoch gefallen ist, will noch höher. Ihr verliert die Lebensfreude. Das Unbekümmerte. Es geht um eure innere Freiheit, Leute. Das ist das Thema der Philosophen, aber nicht Jesu.

Ein Satz macht deutlich, was Jesus uns mit dieser Geschichte sagt: Die arme Witwe wirft *alles*, was sie hat, in den Opferstock. *Ihr Leben.* Wieso wirft die gute Frau, alles in den Opferstock? Eigentlich muss man sich an den Kopf fassen. Vor allem ihr an den Kopf fassen: Das Geld brauchst du doch. So hoch ist deine kleine Witwenrente nicht. Du kannst doch nicht so verschwenderisch mit dem

---

sche Zwecke in der eigenen Kirchengemeinde

bisschen umgehen, was du hast, meine Liebe. Halte deine Kröten zusammen. Pack es auf's Sparbuch. Schließ eine Lebensversicherung ab. Sie schmeißt alles rein. Und ich behaupte: Weil sie Gott liebt, macht sie das. Und zeigt uns, was Liebe, was Glaube, was Vertrauen ist. Gott um seiner selbst willen lieben. Sie erwartet von ihm jetzt keinen Geldsegen. Sie erwartet nicht, dass sie und ihre Kinder von Gott ab jetzt vor jedem Schaden bewahrt werden. Sie liebt Gott, weil er Gott ist.

Jesus ruft seine Jünger und ich glaube, er staunt selbst über diese Frau: Guckt euch diese arme Witwe an. Aus Liebe zu Gott gibt sie das bisschen, was sie hat. Das ist Nachfolge. Das ist Jüngerschaft. Gott lieben. Nicht weil er positiv Schicksal spielen soll. Nicht, weil wir ja irgendwas glauben müssen. Sie liebt Gott. Sie gibt ihm ihren letzten Groschen und sagt damit: „Ich vertraue Dir, Du machst das gut mit mir". Mit leeren Händen steht sie vor ihm: „Du Gott wirst mich meinen Weg führen. Du führst. Ich gehe". Einerseits schüttelt man über diese Frau den Kopf, wie kann sie nur alle Sicherungen aus der Hand geben. Aber andererseits: „Sie hat, was ich nicht habe, jedenfalls nicht so intensiv: Was hat sie ein Gottvertrauen? Phantastisch. Beneidenswert. So unbesorgt, unbekümmert, in Gott geborgen zu leben. Und sie hat die Bibel auf ihrer Seite. „Lass dir an meiner Gnade genügen. Meine Kraft ist in den Schwachen mächtig". Das scheint ein geistliches Gesetz zu sein. Es gefällt Gott, uns dann stark zu machen, wenn wir uns schwach fühlen; wenn wir selbst drauf verzichten, aus uns was zu machen; dann macht er was aus und mit uns.

Das ist das 1. Gebot. Ich bin der Herr, dein Gott. Du sollst keine anderen Götter haben neben mir - auch nicht deine eigene Kraft und Stärke. Deine Gaben und Talente. Aus meiner Gnade und meiner Liebe lebst du.

Ich hab vorhin erzählt, dass es schon mal vorkam, und die Armen beschimpft und belästert wurden, weil sie so wenig in den Opferstock warfen. Unsere Witwe weiß das. Aber es kümmert sie nicht. Es ist ihr egal, was und wie die anderen über sie reden. Wie im Dorf über sie gezwitschert wird. Ganz ruhig geht sie zwischen all diesen Reichen hindurch und gibt dem Tempeldiener ihre zwei Groschen. Das einzige, was sie in diesem Moment interessiert, ist dies: Aus Liebe zu Gott will sie was spenden. Ihrem Gott will sie eine Freude machen. Sie steht zu ihrer Armut. Sie steht zu sich selbst. Sie ist eben so. Ist das nicht schön? Ich bin arm, ich bin reich. Ich bin begabt, ich bin´s weniger. Ich funktioniere wie ein Uhrwerk. Ich hab meine Macken. Ich bin psychisch o.k. Ich hab da meine Probleme. Ich bin ich, von Gott geliebt. Ich bin ich, ich liebe Gott. Das ist wichtig. Mehr nicht. Diese Liebe macht uns unabhängig, unabhängig von unseren Stärken und Schwächen. Unabhängig vom Gerede und von den Meinungen anderer Leute. Und wer unabhängig ist, der ist frei. Die Liebe Gottes macht sie frei. Was ist diese Frau unabhängig.

Phantastisch. Beneidenswert. Wünschenswert. Und weiter noch. Diese Frau hat ihre 2 Silbergroschen nicht mit einem verkniffenen Gesicht zum Opferstock gebracht. Die hat sich gefreut, innerlich gelacht. Ihre Liebe zu Gott macht sie fröhlich. Ihren Mann hat sie verloren. Arm ist sie. Und fröhlich in ihrem Gott.

Eins noch. Sie gibt ihre 2 Silbergroschen. Alles, was sie hat. Aus Liebe zu Gott. Sie handelt aus Liebe. „Die 10 Gebote müssen wieder ordentlich auf den Tisch". „Werte brauchen die Menschen". „Sie müssen wieder wissen, was recht und Gesetz ist". Mag ja sein. Diese Witwe braucht sie nicht. Sie hat was Stärkeres. Sie könnte ihrem Gott nicht weh tun. Sie würde immer versuchen, so zu leben, wie es ihrem Gott gefällt. Sie würde versuchen, ihrem Gott mit ihren Worten und Taten eine Freude zu machen. Diese Welle der Liebe Gottes, die ihr durch Haut und Knochen gezogen ist, die hat sie sensibel gemacht. Für ihre Worte, für ihre Taten. Sie lebt so, dass es ihrem Gott gefällt. Sie lebt so, dass sie ihm dient. Und wer Gott in Liebe dient, der lebt seinen Mitmenschen zum Segen. Eine Frau, eine Witwe, eine arme noch dazu, zeigt uns in diesem Gottesdienst, was das Herzstück unseres Glaubens ist: *Unsere Liebe zu Gott. Amen*

Matthäus 14, 22-33: Sehnsucht und Blockade

„Es wäre schön, wenn man jetzt an einen Gott glauben könnte", sagt Joachim Fuchsberger in einem Interview, 3 Monate nach dem Tod seines Sohnes Thomas. Sie kennen Joachim Fuchsberger als Ermittler von Schottland Yard in „Die toten Augen von London" oder „Der Frosch mit der Maske". Sein Sohn Thomas ist im Oktober 2010 in einem Bach nahe seines Hotels ertrunken, wahrscheinlich, weil er wegen seiner schweren Diabetes in einen komaartigen Zustand gekommen war. „Es wäre schön, wenn man jetzt an einen Gott glauben könnte. Aber... ich kann es nicht" sagt Joachim Fuchsberger. Es wäre schön, aber ich kann nicht - Sehnsucht und Blockade; Joachim Fuchsberger scheint dem Glauben gar nicht so fern zu sein.

Sein Satz erinnert mich an das Wort aus der Bibel: „Ich glaube, hilf meinem Unglauben" - nur das Fuchsberger umgekehrt sagt: „Ich kann nicht glauben." Ist das nicht ein Wunder, dass wir glauben können? Dass uns der Glaube zugespielt wurde und wir uns auf Gott verlassen. Glaube ist „ein Trauen des Herzens" hat Martin Luther gesagt. Unser Herz traut sich, sich auf Gott zu verlassen – irgendwie - und jeder/und jede von uns hat auf seine Weise gemerkt: Gott ist vertrauenswürdig.

Bei Menschen ja nicht anders - nur vertrauenswürdigen Menschen vertrauen wir uns an. Was macht das für einen Riesenunterschied, ob Du Vertrauen zu dem Arzt hast, der Dich untersucht oder ob Du dabei das Gefühl hast: Für den bist du nur eine Nummer; eine unter vielen. Von außen kommt der

Glaube auf uns zu, wir haben das gemerkt: Wir können Gott vertrauen und unser Herz hat sich getraut und vom Herzen zieht unser Glaube durch unseren ganzen Körper: Er bestimmt uns, verwandelt uns. Wir sind einfach Menschen, die Gott vertrauen - mit ihm leben. Gott zu vertrauen bedeutet, dem Leben zu vertrauen.

„Ich würde gern glauben“, sagt Joachim Fuchsberger. Und: „...ich beneide alle Menschen, die ihren Trost in einem starken Glauben suchen und finden“. Wir haben einen grundsätzlichen Halt im Leben, es ist nicht alles gleich schlecht und schlimm und schwarz und hoffnungslos verloren. Gott hat sich so in unser Leben eingespielt, dass wir getragen werden. Ja. das ist die eine Seite unseres Glaubens und die andere ist die, dass uns dieser Trost manchmal aus den Hände gleitet und wir wenig von ihm merken. Die andere Seite ist: Wir leiden an Gott, Jesus und seiner Liebe; sehen den Sinn nicht, in dem, was uns passiert. Der Mut zum Vertrauen ist nicht da, nicht mehr da.

Wir haben unseren Glauben nie in einer ganz reinen und tiefen Form über einen längeren Zeitraum. Mal fühlen wir uns Gott ganz nahe, und sind in unserem Glauben ganz geborgen. Bei Gott zu Hause. Ein tiefes Gefühl von Glück - „was auch passiert - ich bin bei Gott geborgen - ich vertraue ihm -. Und manchmal ist es das genaue Gegenteil. Gott ganz fremd. Ich fühle und merke nichts mehr von Gott. Er ist ganz weit weg - gibt’s den? Ist er da? Für mich da? Das sind Zeiten, die wir einfach aushalten müssen. Weiter in der Bibel lesen - obwohl die Worte mir nicht viel sagen. Weiter mit Gott reden, obwohl ich das Gefühl habe, meine Worte kommen nicht weiter als bis zur Zimmerdecke, weiter in den Gottesdienst gehen, obwohl es mir nicht viel zu bringen scheint. Geistliche Wüstenzeiten sind das.

Wir hören auf den PT[4] für heute- Matthäus 14, 22-33: Und alsbald trieb Jesus seine Jünger, in das Boot zu steigen und vor ihm hinüber zu fahren, bis er das Volk gehen ließe. Und als er das Volk hatte gehen lassen, stieg er allein auf einen Berg, um zu beten. Und am Abend war er dort allein. Und das Boot war schon weit vom Land entfernt und kam in Not durch die Wellen; denn der Wind stand ihm entgegen. Aber in der vierten Nachtwache kam Jesus zu ihnen und ging auf dem See. Und als ihn die Jünger sahen auf dem See gehen, erschraken sie und riefen: Es ist ein Gespenst!, und schrien vor Furcht. Aber sogleich redete Jesus mit ihnen und sprach: **Seid getrost, ich bin’s; fürchtet euch nicht!** Petrus aber antwortete ihm und sprach: Herr, bist du es, so befiehl mir, zu dir zu kommen auf dem Wasser. Und er sprach: Komm her! Und Petrus stieg aus dem Boot und ging auf dem Wasser und kam auf Jesus zu. Als er aber den starken Wind sah, erschrak er und begann zu sinken und

4 PT steht für Predigttext

schrie: Herr, hilf mir! Jesus aber streckte sogleich die Hand aus und ergriff ihn und sprach zu ihm: Du Kleingläubiger, warum hast du gezweifelt? Und sie traten in das Boot und der Wind legte sich. Die aber im Boot waren, fielen vor ihm nieder und sprachen: Du bist wahrhaftig Gottes Sohn!

An wen glauben wir? Wem vertrauen wir? Auf wen setzen wir unser Leben? Keine Frage: Jesus - Jesus Christus, und der treibt seine Jünger. Will allein sein: „er treibt seine Jünger", das hat mich irritiert, mein Jesus macht das nicht - habe ich gedacht. Dann habe ich die Zeilen vor unserem PT gelesen: Herodes hat Johannes den Täufer töten lassen - einfach den Kopf abschlagen lassen - und seine Jünger nehmen seinen toten Körper - beerdigen ihn, kommen zu Jesus und erzählen ihm vom brutalen Tod des Mannes, der ihn getauft hat. „Als Jesus das hörte" schreibt Matthäus, „fuhr er mit einem Boot in eine einsame Gegend, um allein zu sein". Wir bekommen Einblick in Jesu Seele. Die Sache mit Johannes trifft ihn. Jesus verarbeitet seinen Schrecken und seine Trauer, indem er allein sein will. Mit Gott allein sein will. Und dazu fährt er mit einem Boot in eine einsame Ecke. Die Menschen aus der Stadt bekommen das mit und sind zu Fuß schneller an der einsamen Ecke als Jesus mit seinem Boot. Er will allein sein, und dann stehen da tausend Leute. „...und als Jesus sie sieht, jammerten sie ihn" - die tun ihm schlicht und ergreifend Leid - und er heilt ihre Kranken

Seinen Schrecken und seine Trauer stellt Jesus erst mal hinten an - und hilft. Ist für die anderen da. Das ist der Mann, an den wir glauben, dem wir vertrauen. Aber weil Schrecken und Trauer immer noch ihn ihm leben, darum will er jetzt unbedingt allein sein, darum treibt er seine Jünger und da habe ich das besser verstanden. Jetzt ist er allein - er mit seinem Vater, unserem Gott, um zu beten, um das zu verarbeiten - Schrecken, Trauer, seinen Jammer über die vielen Menschen, über die Kranken, die vielen Worte und Taten- und das geht nur in der Stille.

Und dann haben wir in dieser Geschichte noch ein schönes Beispiel dafür, was Glaube ist - bzw. wie wir glauben - die Jünger sind auf See, kommen in Seenot, in Lebensnot. Da kann jeder von uns reinkommen und da kommt jeder von uns rein. Die Jünger rudern sich die Arme aus, versuchen verzweifelt, die Sache in den Griff zu bekommen - und Jesus ist in der Nähe. Du siehst ihn nicht - aber da ist er. Du merkst und fühlst nichts. Gott scheint total fern, aber er ist da; aber das wird auch erst klar als sie hören: *seid getrost, ich bin's, fürchtet euch nicht. D*as ist der Moment: Ein Wort senkt sich in dein Herz, wie für dich gesprochen: „ich bin da, für dich da....." Das ist der Moment, in dem Dein Glaube wieder stark wird. Und dann zeigt uns Petrus, wie es ist zu glauben: „Herr, sag was, dann komm ich aus dem Boot...", unser Glaube hört immer auf Jesus, auf sein Wort, nicht auf uns selbst.... „Komm her...."

„Verlass Dich auf mich. Und Petrus macht das. Guckt auf Jesus, steigt aus dem Boot, läuft auf Jesus zu. Die Augen und das Herz immer fest auf Jesus. So macht er seine ersten Schritte. Wind und Wellen. Sorgen und Ängste; Vergangenes und Zukünftiges. Es spielt keine Rolle. Augen auf Jesus. Augen und Herz: „Ich beneide alle Menschen, die ihren Trost in einem starken Glauben suchen und finden", sagt Joachim Fuchsberger, aber dann heult plötzlich der Wind auf, das Wasser gurgelt düster. Augen und Herz gehen von Jesus weg. Und Petrus sinkt. Was gerade noch möglich war, das geht nicht mehr. Petrus versinkt, in seiner Angst, nicht in den Wellen: „Herr, hilf mir" und Jesus streckt seine Hand aus. Der ist ja nicht weggegangen; der ist ja immer noch da. So ist unser Glaube: Mal stark, mal schwach, mal groß, mal klein; aber egal, ob groß oder klein, ob stark oder schwach. Jesus ist da. Bleibt für uns da. Jesus, der Mann, der Sohn Gottes, dem wir mit diesem Text ins Herz gucken durften. Der Sohn Gottes, an den wir glauben. Glauben ist Vertrauen. „Ich möchte gerne glauben," sagt Joachim Fuchsberger. „Ich glaube", sagt Petrus und versinkt doch, und ich finde das tröstlich, weil´s mir genauso geht. Amen

Markus 9: Wie sich der Glaube einspielt

Ich bin ins Dasein geworfen worden. Dafür kann ich nichts. Ich bin geboren worden, das war meine Sache nicht. Irgendwann haben meine Eltern entschieden, die Familie zu erweitern und sich ans Werk gemacht. Hoffentlich mit Lust und Freude. Ich war da und konnte nichts dafür. Zu dem Zeitpunkt ist mir das Leben natürlich noch nicht zum Problem oder zu einer Frage geworden. Ich habe einfach angefangen zu leben und zu wachsen. All diese Rätsel des Lebens: Wozu, warum und wieso - wohin und woher? Zeit und Tod, Liebe und Leid, das hab ich damals nicht gespürt und nicht empfunden, das kam später. Der Tod begegnete mir in meinem Urgroßvater, da war ich allerdings zu klein, um das bewusst aufzunehmen. Später bekam ich mit, wie unser Nachbar, junger Familienvater von 3 kleinen Kindern an einem Gehirntumor erkrankte. Die Bilder, die ich da vor Augen hab, sind die verweinten Augen der Nachbarin, wenn sie zu uns kam, und unser Eifer als Nachbarskinder als es mitten im Winter hieß, er kommt aus dem Krankenhaus nach Haus.

Wir haben ihm in seinem Krankenwagen zur Begrüßung den Weg von Schnee befreit, von der Ortseinfahrt bis zu seinem Haus. Dass er zum Sterben nach Haus kam, hab ich nicht begriffen, damals. Heute noch sehe ich, wie die Geschwister seine Ehefrau auf den Weg zum Friedhof stützen.

Das Leben hatte für mich seine Unschuld verloren. Spätestens da wusste ich: Das Leben ist ohne Leid nicht zu haben, und ein Leben, das nicht von Krankheit und Tod bedroht ist, das gibt´s nicht. Und die Zeit? Sie war mir als Kind höchstens als gedehnte Zeit ein Problem. Ab Sonnabend Nachmittag, wenn es in die Badewanne ging, wurde es zum Problem, todlangweilig. Bis zum Montag kein Toben und Spielen im Matsch und auf den Feldern. Die Zeit schien still zu stehen. Heute fliegt sie mir davon. Ein Jahr reiht sich ans andere. Die Wochenenden vergehen im Flug.

Ich sehe, wie meine Kinder groß werden und merke, wie mir die Jahre davon eilen. Als Kind konnte ich mich überschwänglich freuen, überschwänglich und unbeschwert - durch nichts schien die Freude getrübt. Jetzt versuch ich das Glück des Augenblickes festzuhalten, um mit Goethe zu sprechen: „Augenblick verweile, du bist so schön". Aber keine Chance, er rinnt mir durch die Finger, und ich weiß genau, es gibt kein ungetrübtes Glück. Das unbeschwerte Leben ist vorbei, dafür habe ich zu vieles gesehen und erlebt. Nicht unbedingt am eigenen Leib; aber ich habe miterlebt, wie das Leben laufen und wie Menschen unter dem Leben leiden können. Und dass das Glück schnell sein Ende findet, das sitzt tief.

Als Kind hab ich über mich und die Welt nicht sonderlich nachgedacht. Heute erlebe ich mich als Mitte der Welt, von mir aus sehe ich die Welt, die Menschen; ich sage, so erlebe ich es, aber im Kopf weiß ich: Ich bin ein Staubkorn im Weltall. Wenn ich wieder einmal und neu die Ergebnisse der Astrophysiker lese, die mit ihren Teleskopen ins Weltall vordringen, dann wundere ich mich über meine Arroganz, mich für die Mitte der Welt zu halten. Bloß, ich kann nicht anders. Wenn ich mir durch den Kopf gehen lasse, wie lange es die Erde schon gibt und wie lange Menschen auf ihr geboren werden, leben und sterben; dann wundere ich mich darüber, dass ich die Welt von meinem Standpunkt aus betrachte; ich kann bloß nicht anders. Ich kann mir sagen, dass diese vielen Millionen Menschen vor mir sterben mussten und ich sterben werde, aber akzeptieren will ich das nicht. Ich will nicht einsehen, dass ich eines Tages am Wegesrand wegbrechen werde, und das Leben weitergehen wird als wäre nichts geschehen. Aber so wird es sein. Und anders als so gibt es das Leben nicht.

Ist das nicht ein bisschen zu düster, fragt Ihr jetzt, nein, nicht düster, realistisch. Einseitig im Augenblick, weil ich ja auch sage, dass das Leben Spaß macht; richtig dramatisch und gut kann es sein, wie gestern als Bayern[5] in allerletzter Minute Meister geworden ist - obwohl Schalke als Meister - wäre auch nicht schlecht gewesen und sie hätten es verdient gehabt. Ich freue mich an meiner Familie, den Kindern, es blüht und grünt - toller Monat der Mai. Ich freue mich, wenn ich sehe, wie das Eichhörnchen durch unseren Garten turnt. Aber das andere bleibt bestehen: Es gibt das Leben nicht anders: Hinter jeder Freude steckt Trauer und in jedem Glück das Vergehen. Und ich frag mich: Ist das alles? Gibt es nicht die Möglichkeit, sich in diesem Leben irgendwo zu verankern; einen Halt zu

5 2001 Bayern München gewann sein letztes Spiel gegen den 1. FC Kaiserslautern und Schalke 04 verlor gegen den VfB Stuttgart und wurde Meister der Herzen

bekommen. Eine Antwort, mit der ich leben kann; es aushalten kann; dass das Leben bedroht ist; mir die Zeit unter den Fingern zerrinnt und Glück nur von kurzer Dauer ist?

Es gibt Leute, die suchen das Glück in wechselnden Beziehungen; es kommt dann leicht dazu, dass man den anderen für sein Glück braucht und ihn damit verbraucht. Andere suchen den Augenblick des Glücks im Konsum, ständig auf der Suche, ob das Leben nicht mehr hergibt.

Ich denk manchmal, man müsste Kontakt haben zum Sinngrund dieser Welt, der der das alles zu verantworten hat: Mich, mein Leben, das Leben überhaupt und die Welt. Der müsste einmal zu mir reden oder ich müsste das tiefe Gefühl bekommen, dass er da ist, und dadurch spüren: Es ist nicht alles umsonst, ich nicht, meine Leben nicht, ich müsste das Gefühl bekommen, das alles gut ausgehen wird.

Ich mach jetzt nicht den großen christlichen Sack auf und sage: Was ich gerade gesagt habe, das ist alles so tragisch nicht, weil es Gott gibt, weil Gott der Sinngrund der Welt ist. Glaube nur und es ist alles besser.

Nein, das Leben ist nicht anderes zu haben als das sich Glück und Trauer, Freude und Leid mischen. Und ich versteh, wenn es in einem Lied heißt: *Ich hab noch nicht gefunden, wonach ich suche.* Nicht einmal im Glauben ist das so; nicht einmal der Glaube an Gott ist so eindeutig, dass ich sagen kann: Jetzt hab ich´s. Jetzt ist es da. Dieses tiefe Gefühl, mit Gott verbunden, mit ihm in Kontakt zu sein. Sicher: In Augenblicken gibt es das. Es gibt Momente, da fühle ich mich meinem Gott ganz nahe und ihm verbunden. Tiefe Augenblicke sind das und seltene. Schöne Augenblicke, die einen tiefen Frieden vermitteln und das Gefühl geben: Alles wird gut.

Ich mach jetzt nicht den großen christlichen Sack auf und erkläre das Leben für toll und traumhaft schön, wenn es nur im Glauben an Gott gelebt wird. Nicht einmal der Glaube ist eindeutig, der Zweifel ist die böse Schwester des Glaubens und ohne dem nicht zu haben - Menschen mit einem festen Glauben wissen das. Im Markusevangelium steht die Geschichte, in der ein Mann seinen Sohn zu Jesus bringt, weil der Sohnemann krank ist. Und sagt dann zu Jesus: „Wenn Du etwas kannst, so erbarme dich unser und hilf uns“. Darauf dreht Jesus die Geschichte ein bisschen um und sagt ihm: „Du sagst: Wenn Du kannst. Alle Dinge sind möglich dem, der da glaubt“. Und dann sagt der Mann den Satz über den Glauben, der hilfreich ist. Er sagt: „Ich glaube; hilf meinem Unglauben“. Und Jesus akzeptiert das, lässt diesen Satz stehen. Er sagt nicht: „Streng dich an, Mann, glaub ordentlich, vorher krümme ich keinen Finger“. Er hilft ihm. Akzeptiert ihn in seiner Mischung aus Glauben und Unglauben. Akzeptiert uns in der Art, wie uns der Glaube gelingt oder eben nicht gelingt. Aber eines kann man von diesem Mann doch lernen - er hofft, dass Jesus ihm hilft - er hat schlicht Angst, dass es nicht klappen könnte. Aber er geht auf ihn zu, er fragt und bittet ihn. Hier steh ich mit meiner Hoffnung und meinem Zweifel. Jesus hilf mir. Ich hab noch nicht gefunden, wonach ich suche, so steh ich vor dir, Jesus, hilf mir. Hilf mir, dass mir mein Leben gelingt. Hilf mir mit meinen Ängsten und Zweifeln, meiner Resignation, schenke mir das Gefühl, mitten in meinem Leben, so wie es nun einmal ist, vom Tod und von Krankheit bedroht, von getrübter Freude und kurzem Glück gekennzeichnet, schenke mir mitten in diesem Leben das Gefühl, geborgen zu sein. Einen Halt zu haben und zu wissen, es wird alles gut werden. Mehr kann man hier nicht finden, wir leben immer noch auf der Erde, nicht im Himmel. Amen

Lukas 6, 12-19: Und innen gut sortiert

Innen - innen drin, in Kopf und Herz, da muss eine Sache entschieden sein. Und da wird sie auch entschieden. Innen drin - in Kopf und Herz, da fühlen, denken und da entscheiden wir uns und nach außen handeln wir. Beides gehört zusammen. Beides ist auch wichtig. Aber unser „innen", das ist wichtiger. Der Kopf wichtiger als die Hand. Der Gedanke wichtiger als das Wort. Darum muss hier Klarheit herrschen. Unser Innen und Außen gehören zusammen. Ich erzähl damit nichts Neues.

Ich mach nur deutlich: Um was wir uns zuerst kümmern müssen: Um unser Inneres. Um unsere Seele. Um unsere Gedanken. Um unser Herz. Und das geht nicht so nebenbei. Tatort gucken und um die Seele kümmern. Bayern gegen Inter Mailand und nebenbei die Frage klären: „Was bewegt mich?", „Was will ich?", „Wie soll ich mich entscheiden?". Das braucht seine Zeit. Soll das was werden.

Seelenhygiene ist das. Mir selbst über meine eigenen Motive klar werden. Ich liege ja nun nicht selbst offen vor mir wie ein Buch. Wie oft bin ich mir eben nicht klar darüber, was ich wirklich will. Wie ich mich entscheiden und verhalten soll. Wer bin ich? Was will ich? Warum reagiere ich so? Was hat mich geprägt? Und prägt mich noch? Innen fallen die Würfel. Und da muss ich Zeit investieren. Mich mit mir selbst auseinander setzen. Ich muss mir sozusagen selbst auf die Spur kommen. Sonst ist die Gefahr ziemlich groß, dass ich mich verliere. Hör auf dies und das; auf diesen und jenen und ... verliere meine Linie oder finde sie erst gar nicht. Bin wie ein Blatt im Wind. Und wer von uns will das sein? Wir sind sowieso nicht Frauen und Herren in unserem eigenen Haus. Gedanken kommen und gehen. Triebe steuern uns - und wie mächtig Eltern, ihre Taten und Worte, wie mächtig Vergangenes uns prägt und steuert - das hat Sigmund Freud ja deutlich gemacht.

Also: Wir sind zwar nicht Frauen und Herren in unserem eigenen Lebenshaus; aber wir können dafür sorgen, dass es ordentlich aussieht und gesittet zugeht. Und das braucht Zeit. Ruhe. Nachdenken, überlegen, abwägen. Und das passiert alles innen drin - bei uns. Und darum ist das so wichtig, sich damit auseinander zu setzen.

Das eigene Leben als ein Haus vorstellen, mit einer Tür. Und wir stehen an der Tür und kontrollieren jeden Gast. Wer geht rein? Wer darf rein? Einige dürfen sie unter keinen Umständen rein lassen. Andere wohl. Welcher Gast tut ihnen gut? Und welcher nicht? Werden Sie unruhig, wenn er vor Ihnen steht? Dann draußen bleiben. Oder ruhig? Okay. Dann rein. Nein, auch nicht jeder, der raus will, darf einfach raus, um Himmels willen. Sie müssen für Ordnung sorgen. Einige, die schon lange bei ihnen wohnen, gehören einfach raus geschmissen. Und andere müssen verwöhnt werden. Auch hier - tut er ihnen gut oder nicht - werden sie unruhig oder ruhig? Gut und ruhig - dann darf er bleiben. Das hat jetzt noch nicht mit unserem Glauben zu tun. Das ist für jeden wichtig - Christ oder nicht.

Ich kann mich doch nicht von jeder Laune hinreißen lassen. Auch nicht von einem so hin geschmissenen Wort zutiefst kränken und aus der Bahn werfen lassen. Nicht jeder Versuchung nachgeben. Sie wissen, was ich meine. Und um noch mal auf unsere Entscheidungen zu kommen. Ich muss doch wissen, warum ich etwas tue. Was ich eigentlich gerne für mich möchte? Ich bleib auf der Strecke, wenn ich immer nur auf andere reagiere. Auf das, was sie von mir wollen. Und auf der Strecke bleib ich auch, wenn ich nur das tue, was andere für mich wollen.

Das ist nicht christlich, das ist menschlich. Es ist auch noch nicht christlich, wenn ich mir bei der Suche nach mir selbst, Ratgeber suche, einen guten Therapeuten zum Beispiel. Christlich wird's, wenn ich mein Innenleben mit Gott bespreche. Wenn ich meine Entscheidungen mit ihm ausmache. Und da ist Jesus und der Text heute ein wunderbares Beispiel.

Jesus heilt am Sabbat einen Mann. Seine rechte Hand funktioniert wieder. Er tut was Gutes und hat Stress mit den Leuten, die das Gesetz hoch halten: sonntags wird nicht geheilt. Schluss der Diskussion. „...und sie beredeten miteinander, was sie Jesus tun wollten..." Na, Gutes bestimmt nicht. Jesus will was Gutes und erlebt eine extrem feindliche Stimmung. Das macht Dich ja fertig, du stößt mit deinen guten Motiven auf Widerstand - auf heftigen sogar - und damit musst du emotional umgehen, aufregen, weiter machen, Kopf durch die Wand, ignorieren, aufgeben, resignieren, den Glauben an das Gute verlieren.

„Es begab sich aber zu der Zeit...... dass er auf einen Berg ging...." Die Situation, die feindliche Stimmung, das, was Dich quält und bewegt, verlassen, Abstand gewinnen. Gedanken und Gefühle sortieren, wir müssen ja auch erst einmal die aufgewühlten Gefühle in uns zur Ruhe bringen. Jesus auch. Aufgewühlt handeln wir leicht falsch. Und Jesus geht auf einen Berg. Betrachtet die ganze

Geschichte aus einer anderen Perspektive. Jesus sammelt sich.

Jesus ist auf den Berg gegangen, um zu beten. Jesus sucht die Ruhe, die Konzentration. Er sucht das Gespräch. Und jetzt ist es christlich. Und intensiv. Die ganze Nacht über redet Jesus mit Gott. Er betet. Aber das kann ja nur so gewesen sein, dass Jesus die ganze Sache durch betet hat. Seine Motivation, einem Menschen zu helfen, auch am Sabbat, gegen das Gesetz, auch gegen den Willen bestimmter Menschen. Er hat sich im Gespräch versichert, auf dem richtigen Weg zu sein. Dazu bin ich doch da. Menschen zu helfen, zu heilen, dass willst Du doch von mir......Gott....Vater....

Und natürlich hat Jesus auch seine Gefühle durch gebetet. Wo soll er denn sonst hin damit? Wo wollen wir denn sonst damit hin? Wut - Trauer - Hilflosigkeit - Anflug von Resignation - Zorn - das sind doch alles mächtige Emotionen, die uns bewegen. Und beeinflussen, wie wir uns entscheiden. Und darum ist es so wichtig, uns darüber klar zu werden. Wir haben die Möglichkeit, uns darüber im Gebet klar zu werden - das ist klasse.

Sie beten ja hoffentlich nicht nur für andere, hoffentlich auch für sich selbst. Sie reden mit Gott, um sich nicht von bestimmten Gefühlen dominieren und von Ihrem Auftrag abbringen zu lassen. Mit Gott reden, um sich über sich selbst klar zu werden und … um so zu sich selbst zu kommen.

Und Jesus nimmt sich richtig Zeit. Die ganze Nacht über... Oh, ich muss schlafen. Ich brauch meine Ruhe. Ich muss morgen fit sein. Für Jesus ist jetzt wichtigt, vor Gott zur Ruhe zu kommen und Entscheidungen zu fällen. Und das braucht Zeit. Und die Gedanken, die dann kommen, die sind von Gott. Das können wir prüfen.

Werden wir ruhig, dann sind sie von Gott. Unruhig, dann nicht. Jesus braucht Verbündete. Er wird ruhig bei dem Gedanken, Apostel für sich und seine Sache auszusuchen. Apostel ist ja nichts anderes als ein Bote. Leute also, die Jesus schicken kann. Die in seinem Namen reden und handeln. Dieser Gedanke ist da. Von Gott geschenkt. Aber nun. Wie viele? Und wen? Jesus bleibt nicht auf halber Stecke stehen, er betet die Sache durch. Und Menschen auszusuchen, sie auszuwählen, ist ja auch nicht nur einfach. Bestimmte auszuwählen heißt eben auch, andere nicht zu wählen. Jesus muss sicher sein, die richtigen auszuwählen.

Er betet sie also alle vor Gott durch und holt sich für jeden die innere Ruhe. Der ist der richtige. Und diese Ruhe gibt Dir natürlich auch die Sicherheit, diesen einen auszuwählen und einen anderen eben nicht. Sicherheit, Dich richtig zu entscheiden. Jesus war sich seiner Sache sicher. „Und als es Tag wurde“, steht da so schön. Da ist Jesu Entscheidung gefallen. Innen war es klar. Seine Seele war ruhig. Er wusste, was er zu tun hatte. Und das tat er dann. Jesus hat seine Entscheidung durchbetet, er hat sich von seinen Emotionen frei gemacht, den Gedanken Gottes aufgenommen und in die Tat umgesetzt. In Taten - besser gesagt. Jesus ist seinem Auftrag treu geblieben. Er konnte das auch. Hatte die Kraft dazu in der Nacht gewonnen. Besser als jeder Schlaf. Und dann geht Jesus vom Berg herunter. Raus aus der Ruhe. Raus aus seiner Sammlung. Raus aus der Phase der Konzentration. Und bleibt in der Verbindung. In der Beziehung zu Gott. Und unten wartet Arbeit. Warten Menschen. Jesus redet. Jesus heilt. Jesus strahlt etwas aus. Die Menschen versuchen ihn anzurühren. Sie versuchen in Beziehung zu seiner Kraft zu kommen.

Die Menschen suchen den, der die Nähe Gottes sucht. Sie suchen den, der aus der Nähe Gottes lebt; der sich mit Gott bespricht. Sie suchen den, der „sein Innenleben" mit Gott bespricht. Sie suchen den, der in Gott ruhig geworden ist und der diese Ruhe ausstrahlt. Wir sind nicht Jesus. Wir übertragen das nicht eins zu eins. Aber wir können, wie er, Entscheidungen im Gespräch mit Gott vorbereiten, wir können ruhig werden bei dem, was zu tun ist. Wir können unser „Innenleben" mit Gott besprechen und uns von ihm formen lassen. Wir können an der Tür unseres Lebenshauses stehend jeden Gast fragen, ob er von Gott kommt. All das garantiert zwar nicht, dass Menschen unsere Nähe suchen, weil wir Gottessucher sind. Aber uns selbst müsste vieles klarer werden: Wer wir sind. Was wir wollen und was wir sollen. Unser Innen und Außen. Es wird dazu führen, dass wir uns in Gott finden. Und in jedem Fall führt es dazu, dass wir mit Gott leben, mehr mit Gott leben und das strahlen wir dann auch aus. Amen

Johannes 3 1-12: Nächtliche Gespräche über den Glauben

Es ist still geworden im Haus. Die Kinder schlafen seit einiger Zeit, seine Frau hat sich vor ein paar Minuten verabschiedet: „Nikodemus, mein Guter, ich bin müde; ich geh schon mal nach oben". Jetzt sitzt er allein im Wohnzimmer. Die Lampe brennt. Vor sich ein Glas Wein. Seine Gedanken verlieren sich im Glas, und er geht noch einmal die eine oder andere Entscheidung durch, die sie heute gefällt haben.

Mit 70 Mann sitzt er im höchsten Gremium des Landes. Sie behandeln alle religiösen Angelegenheiten und sind für die Zivilprozesse zuständig. Kein leichtes Unterfangen. Da muss man auf festen Beinen stehen und sich seiner Sache sicher sein; und das ist er nicht. War er nie gewesen. Er ist eher ein Grübler. Es gibt Leute, die sprechen ein Urteil und damit ist das dann auch abgehakt. Einfach aus dem Kopf. Erledigt. Weg. Bei ihm arbeitet das nach: „War das richtig? Sind wir der Frau gerecht geworden? Wäre da nicht eine Alternative gewesen, habe ich richtig abgestimmt?". Nikodemus kann sich nicht so schnell mit einer Sache zufrieden geben; und manchmal beneidet er seine Kollegen, die ihr Urteil sprechen und dann zur nächsten Tagesordnung übergehen. Er kann das nicht.

Beruflich ist er, wo er immer hin wollte. Höher kann er es in seiner Karriere nicht bringen. Sein Einkommen ist sehr okay. Er hat eine nette, liebe Frau. Ihr Haus liegt in einer Toplage und ist überhaupt ein tolles Anwesen. 4 wunderbare Kinder. Sein Leben ist in Ordnung. Und er in einem Alter, in dem er stolz sein kann auf das, was er sich erarbeitet hat. Er ist einer der führenden Köpfe in seinem Land. Die restlichen Jahre bis zu seinem Ruhestand wird er von seinem Ansehen leben können. Denkt er.

Es gibt ein Alter, in dem dir das Leben zur Frage wird. Es gibt einen Moment, in dem Dich die Erkenntnis heiß durchläuft, dass Dein Leben eines Tages zu Ende ist. Nikodemus spürt genau, dass alles, was er macht und gemacht hat, unwiderruflich ist. Da ist sie wieder: Seine grübelnde, fragende Art. Natürlich kann man den Tod ausblenden, verdrängen; man kann die Fragen, die der Tod stellt, einfach überhören; aber er, Nikodemus, kann das nicht. Und jetzt in der Stille überfallen sie ihn. Es gibt diesen Moment, in dem meint, nicht einfach so weitermachen zu können, wie man es immer gemacht hat oder weil alle es so machen. Der Moment, in dem man auf der Suche beginnt, nach dem richtigen Maßstab für das Handeln wie das Denken und den Glauben. Für das Leben überhaupt. Ihm ist es wichtig, das Richtige zu tun. Richtig zu leben. Jetzt, in der Stille des späten Abends, das Glas Wein in der Hand, wird ihm klar, wie wichtig es für ihn ist, so zu leben, dass er selbst sagen kann, es ist okay so. Ich bin einverstanden. Ich bin auf dem richtigen Weg. Und eben genau das, weiß er nicht. Er weiß es einfach nicht mehr, ob sein Leben richtig ist, so wie er es lebt.

In den letzten Tagen ist er auf einen Mann aufmerksam geworden. In ihrem Gremium haben sie mehrfach über ihn gesprochen. Der fällt ihm gerade jetzt ein. Er ist in der Stadt. Hat hier und da zu den Menschen gesprochen und ziemlich viele Zuhörer gehabt. Seine Kollegen im Gremium stehen ihm skeptisch bis ablehnend gegenüber. Dieser Mann, Jesus, hat besondere, außergewöhnliche Dinge getan. Wunder. Er redet über Gott und war darin nie ausgebildet worden; allein das macht ihn für seine Kollegen verdächtig. Er geht mit jedem Menschen gleich gut um. Egal ob er einer der führenden Köpfe des Landes ist oder von den anderen mit Füßen getreten wird. Ihm ist jeder gleich wichtig. „Der Mann imponiert mir", denkt Nikodemus und fasst spontan den Entschluss, ihn zu besuchen. Spät am Abend. Nikodemus zieht sich seine Sandalen an. Wirft sich seinen Umhang um gegen die Abendkühle und geht aus dem Haus. Zieht die Haustür leise hinter sich zu und macht sich auf den Weg. Er hat gehört, dass Jesus sich am Abend gern an einen einsamen Platz zurück zieht, um für sich allein zu sein. Es gibt da so einige Plätze in seiner Stadt. Er wird sie nach und nach aufsuchen, vielleicht habe ich Glück, denkt Nikodemus.

Es ist mild draußen. Ein leichter Wind geht von Osten durch die Stadt. Nikodemus trifft den einen oder anderen. Ihre Fragen kann er in ihren Augen lesen: „Was macht ein Mann wie Nikodemus so spät abends draußen in der Stadt?“ Sollen sie denken, was sie wollen. Ihn kümmert es nicht. Es interessiert ihn viel zu sehr, diesen Jesus zu treffen und ein wenig mit ihm zu diskutieren. Etwas außerhalb der Stadt ist ein Park angelegt. Ein wunderbarer Platz. Vielleicht wird er ihn dort finden.

Nikodemus lenkt seine Schritte Richtung Park. Er hat ein Stück zu laufen. Auf den ersten Blick ist niemand zu sehen. Aber dann bemerkt Nikodemus die Gestalt unter dem großen Feigenbaum. Dort sitzt Jesus. Ruhig und konzentriert. Nikodemus kommt auf ihn zu, Jesus hebt seinen Kopf und sieht ihn freundlich - aufmerksam an. „Rabbi“, sagt Nikodemus höflich: „Wir wissen, das du ein Lehrer bist, der von Gott kommt, denn niemand kann solche Dinge tun, die du tust, wenn Gott nicht mit ihm ist“.

„Wir wissen“ sagt Nikodemus und schmeichelt oder lügt ein wenig, je nachdem; denn von 70 Leuten in seinem Gremium ist er der einzige, der Jesus für einen Lehrer hält, mit dem Gott ist. Die anderen halten ihn im besten Fall für einen religiösen Wichtigtuer; im schlechten für einen Scharlatan. Aber das tut jetzt wenig zur Sache.

Nikodemus hat sich zu Hause und unterwegs seine Gedanken über Jesus gemacht. Hatte noch mal die Notizen gelesen, die sie im Gremium schon behandelt haben. Die Notizen über die Wunder. Über die Predigten. Über den Menschen Jesus. Bei den Fragen, die Nikodemus bewegen, interessiert es ihn besonders, was Jesus dazu sagt und wie er darüber denkt: Richtiges Leben. Was ist das? Wie geht das? Nikodemus will seine Meinung hören. „Amen, Amen“ sagt Jesus: „wenn jemand nicht von oben geboren wird, dann kann er das Reich Gottes nicht sehen“.

Also: Entweder reden hier zwei Männer gekonnt aneinander vorbei oder Jesus ist von einem anderen Stern. Oder Jesus hört Jesus hinter der höflichen Anrede die Frage, die Nikodemus tatsächlich beschäftigt? Es scheint fast so: Das richtige Leben gibt es nur bei Gott und bei Gott sein kannst Du nur, wenn Du von oben geboren bist - sagt Jesus genau das?

Nikodemus ist jedenfalls nicht verwirrt, sondern diskutiert fröhlich, wie er das gelernt hat und wie es bei der Arbeit im Gremium üblich ist, also denn: Argument eins: „Wie kann ein alter Mensch geboren werden?“ Antwort muss lauten: „Gar nicht“, logisch. Geboren werden, leben, alt werden, sterben. Das ist die Reihenfolge. Argument zwei, eine Spur deutlicher, dass Argumentieren macht Nikodemus sichtlich Spaß: „Er kann doch nicht ein zweites Mal in den Bauch seiner Mutter kriechen, um noch mal geboren zu werden“. Sieg auf der ganzen Linie - oder etwa nicht? „Amen,

Amen, ich sage Dir, mein lieber Nikodemus", sagt Jesus, um das „von oben geboren werden" etwas präziser zu bestimmen: „wenn einer nicht durch Wasser und Geist geboren wird, so kann er nicht in das Reich Gottes eingehen. Was aus Fleisch geboren ist, das ist Fleisch und was aus dem Geist geboren ist, das ist Geist". Jesus sagt dann noch mehr, aber Nikodemus hört nicht mehr richtig hin, weil ihn dies hier schon verwirrt und enttäuscht: „von oben und Geist geboren". „Wie soll das gehen?" Das ist das einzige, was ihm noch durch den Kopf geht und über die Lippen kommt.

Nikodemus hat sich eine Menge erhofft von diesem Gespräch, aber er versteht nicht eben viel - oder doch? „Du bist ein Lehrer Israels und weißt das nicht?" sagt Jesus ihm noch. Nikodemus grübelt: „Ja. Doch." Ihm fällt die berühmte Stelle ein: *„Gott wird seinen Geist ausgießen in den letzten Tagen".* Ihm fallen andere Stellen ein, die alle so gehen, dass der Geist Gottes selbst die Menschen lehrt. Ihm fällt die Stelle aus dem Buch des Propheten Jeremia ein: *„Ich will mein Gesetz in ihr Herz geben und in ihren Sinn schreiben...."* Sich bestimmte Bibelstellen in den Kopf zu holen und gleichzeitig einem Menschen zuzuhören, ist gar nicht so einfach.

Nikodemus muss sich stark konzentrieren, weil Jesus in diesem Moment von sich redet, von dem, was er gehört und gesehen hat, von himmlischen Dingen. Nikodemus wird fast ein wenig schwindelig bei dem Gedanken, der ihm jetzt dabei kommt: „Mit wem rede ich hier eigentlich mitten in der Nacht? Bedeutet das wirklich, was ich denke, in Jesus rede ich mit Gott selbst? Sagt Jesus mir: Was in der Bibel über die letzten Tage - über den Geist Gottes steht - das geschieht jetzt vor deinen Augen, mein lieber Nikodemus? Wenn Du mich hörst, Nikodemus, dann hörst Du Gott, dann spricht Gott selbst mit Dir? Sagt Jesus mir, Du lebst richtig, wenn Du mit Gott lebst und mit Gott lebst Du, wenn Du aus dem Geist lebst? Und bedeutet aus dem Geist leben - mit Jesus leben? Bedeutet aus dem Geist zu leben, Jesus zu glauben, dass er der Sohn Gottes, der Bevollmächtigte Gottes ist? Fordert der Mann hier im Park wirklich von mir, dem Pharisäer und Schriftgelehrten, Nikodemus, das richtige Leben bei ihm zu suchen - und zwar nur und ausschließlich bei ihm? Stellt Jesus mir die entscheidende Frage, ob ich das Leben bei ihm suche und sonst nirgends? Für diese Nacht ist das ein bisschen viel für Nikodemus, er dankt Jesus für das Gespräch und geht aufgewühlt nach Haus. Schließt leise die Tür auf. Zieht sich sein Nachtgewand an, wäscht sich den Staub aus seinem Gesicht und von seinen Füßen, legt sich neben seine Frau. Aber schlafen kann er diese Nacht nicht mehr.

Nachsatz: Wir lesen noch 2 Mal von Nikodemus: 1 mal setzt er sich für Jesus ein als seine Kollegen im Gremium Jesus öffentlich anklagen - ein 2. Mal kommt er mit einer Menge Myrre gemischt mit Aloe zum Grab Jesu - Losgelassen hat Jesus ihn also nicht.

Johannes 6, 37-39: Ein Versuch, den „garstigen Graben" zu überspringen

Was Du da gemacht hast, Jesus: Ich weiß gar nicht, wie ich das nennen soll? Ich such einen Begriff und finde ihn nicht. Genial. Provokativ. Dreist. Unverschämt? Du stellst Dich am letzten Tag. Am großen Tag des Festes. Da stellst du dich hin und rufst. Laut und deutlich und wahrscheinlich ja nicht nur ein Mal. Am großen Tag Eures Laubhüttenfestes. So was wie unser Erntedankfest. Nur größer und länger. Ihr bastelt Euch Hütten aus Ästen. Deckt sie mit Zweigen und Laub ab. Beim Auszug aus Ägypten mussten Deine Vorfahren in solch provisorisch gebauten Hütten übernachten, schnell aufbauen, schnell wieder abbrechen. Dass Euch die Befreiung aus Ägypten mit Gottes Hilfe gelungen ist, das feiert Ihr. Später hat sich die Feier der Weinlese und der Ernte noch in dieses Fest gemischt. Und jetzt feiert Ihr 7 Tage lang feucht und fröhlich.

Und immer wieder geht es in den Tempel. Zum Gottesdienst. Und dieser große Tag. Der 7te. Der steht unter dem Motto: Wasser. Bei uns geht die Stimmung in den Keller, wenn es ein paar Tage regnet. Ihr wartet auf den Regen wie wir auf die Sonne am Morgen. Es regnet: für Euch ein Segen. Und an diesem 7ten Tag steht der Gottesdienst unter dem Motto Wasser. Und Deine Leute rufen Sätze aus der Heiligen Schrift: *„Wie der Hirsch lechzt nach frischem Wasser...."* *„Gott, du bist die Quelle des Heils ....",* *„Wie ein Baum, gepflanzt an Wasserbächen".* Ihr tanzt um den Altar. Wir Kirchenleute können uns das schlecht vorstellen, wir sind so ein bisschen protestantisch dröge musst Du wissen. Und trennen das fein säuberlich. Wir feiern fröhlich privat und sind kirchlich ernst. Ihr tanzt um den Altar, feiert Gottesdienst, freut Euch und seid fröhlich, und Du stellst Dich hin und rufst. Laut und deutlich: *„Wen dürstet, der komme zu mir und trinke...".*

Ich kenne Feste und Märkte. Da laufen Leute rum mit einem Bauchladen, bei denen kannst du eine Dose Bier oder Cola kaufen. Oder die haben einen Beutel auf dem Rücken. Da kannst du dir Wein zapfen. Aber Du hast das ja nicht. Und so meinst Du das auch nicht.

Montags auf unserem Schützenfest. Eltern, Kinder, Schützen und die Spielmannszüge. Und Du stehst da und rufst. Laut und deutlich: *„Wer Durst hat, der kann zu mir kommen...."* Und du hast keinen Bauchladen und keinen Beutel auf dem Rücken. Wir würden milde lächeln. Unsern Kopf schütteln. An die Stirn ticken. „Sei endlich ruhig. Verdrück' dich. Mach 'ne Fliege....." würden einige rufen. Es gibt ja immer welche, die schnell genervt sind. Aber... vielleicht täusch ich mich auch total. Ich weiß nicht, wie Du gerufen hast. Ich war ja nicht dabei. Ich lebe 2000 Jahre später. Zwischen uns beiden liegt der „garstige Graben" wie Lessing das genannt hat. Die Zeit, die uns trennt. Die anderen Umstände. Sitten und Gebräuche. Das andere Leben. Ich kann ja nicht einfach in Deine Zeit springen und mir selbst einen Eindruck verschaffen. Das ist ein Problem. Das ist mein Problem. Ich kann nur das lesen, was andere, wie in deinem Fall jetzt, Johannes, schreiben. Ich kann das lesen und mir was vorstellen. Du warst beeindruckend, tief beeindruckend, schreibt er. Die Menschen haben sich vor Dir verbeugt. Einige sind auf die Knie gefallen „Rabbuni, mein Lehrer" haben Dich einige genannt. „Mein Herr und mein Gott" wieder andere.

Und irgendwo habe ich gelesen: „Jesus war ein Fenster, durch das die Menschen Gott am Werke sahen..." Diesen Satz finde ich sehr schön: Du ein Fenster, durch das wir Gott am Werke sehen. Wahrscheinlich kann ich Dich nicht mit einem Menschen vergleichen, der am Schützenfestmontag zwischen all den Menschen steht und ruft: *„Wer Durst hat...."* Du hast die Menschen sehr beeindruckt. Und die haben gespürt: Das ist ein besonderer Mensch. Bei uns gibt's ja auch Menschen, die etwas Besonderes ausstrahlen, und was Besonderes zu sagen haben. Ich habe das das letzte Mal erlebt, als Anselm Grün in Aurich[6] war. In der Lamberti Kirche. Vorne steht ein kleiner, bärtiger Mann in seiner Mönchskutte. Hält die Hände still vor sich gefaltet. Und redet in einem ruhigen und unaufgeregtem Ton, und 500 Menschen hören ihm gebannt zu. Seine Worte haben Tiefe. Du musst zuhören und nachdenken. Das war richtig beeindruckend.

Und Du? Bei Dir war das noch viel doller. Ich wusste ja zu Beginn nicht, wie ich das denn finden soll, was Du da gemacht hast: Genial. Provokativ. Dreist. Unverschämt. Jetzt weiß ich es: Beeindruckend. Und wenn ich mir das so vorstelle, dann würde ich ganz gern über den „garstigen Graben" springen, um Dich zu erleben. Stehst da im Tempel. Bist im Gottesdienst. Alles dreht sich um das Thema Wasser. Ich hab mich ein bisschen mit Eurem Laubhüttenfest und besonders mit dem letzten, dem 7ten Tag beschäftigt. Ich will Dich besser verstehen. Und mir das besser vorstellen können, was Johannes da mit wenigen Worten beschrieben hat. Der kannte das natürlich alles. Ich muss es erst kennen lernen und dabei habe ich gelernt. Bei dem Gottesdienst am 7ten, dem letzten und großen Tag des Festes geht es in Eurem Gottesdienst nicht darum, um Wasser zu bitten. Ihr dankt für das Wasser, für den Regen, der gefallen ist. Ihr dankt Gott dem Schöpfer dafür, dass Ihr wieder einmal ernten konntet. Ihr feiert einen Dankgottesdienst. Und dann stehst Du am Altar und rufst: *„Wer Durst hat, der komme zu mir und trinke..."* Und kein Bauchladen dabei und keinen Beutel auf dem Rücken. Aber, wenn Du kein Wasser, kein Bier, keine Cola und keinen Wein dabei hast, überhaupt nichts zum Trinken; und wenn Du die Leute beeindruckt hast, sehr sogar, dann haben die Dich mit Gott in Verbindung gebracht. Nicht alle natürlich. Viele haben sich auch über dich geärgert, sonst hätten sie dich später ja nicht ans Kreuz geschlagen; aber viele haben dich als Fenster gesehen, durch das Gott selbst zu sehen ist.

Und wie sah Ihr Durst dann aus? Durst sieht man nicht, den spürt man. Welchen Durst spürten sie?

6 Stadt in Ostfriesland

Ich kenne die Menschen nicht, die damals mit Dir im Tempel waren. Über ihren Durst kann ich nicht reden. Aber Deine Worte sind dem Johannes so wichtig, dass er sie aufschreibt. Damit wir sie lesen. Und auch wenn wir nicht in Deine Zeit springen können. Unseren eigenen Durst spüren, das können wir. Zur Vorbereitung auf die Predigt für den Ewigkeitssonntag habe ich den Satz gehört: „Gehen Sie in Gedanken an den Häusern vorbei, aus denen Sie in diesem Jahr jemand beerdigt haben“. Das fand ich eindrücklich.

Welcher Durst wohnt in unseren Häusern? Was meinst Du? Ist der Durst Deiner Leute und der Durst meiner Leute gleich? Auch wenn über 2000 Jahre dazwischen liegen? Ich habe meinen eigenen Durst; ich kann Dir in einer stillen Stunden davon erzählen. So öffentlich mach ich das nicht. Das ist mir zu intim. Ich kenne auch den Durst von einigen Menschen in meiner Nähe, in meiner Gemeinde, auch davon will ich nicht öffentlich erzählen. Ich kann mir aber gut vorstellen, dass der Durst deiner und meiner Leute in vielen Fällen gleich ist: Gesund zu werden, dass die eigenen Kinder im Leben zurecht kommen, nach dem richtigen Leben, nach einem sinnvollen Leben, nach Harmonie und Versöhnung.

Ich könnte Dir von so vielen Menschen erzählen, die unter dem Leben leiden, weil andere ihnen das Leben schwer gemacht haben oder noch schwer machen. Ich kann Dir von mindestens ebenso vielen Menschen erzählen, die sich selbst das Leben schwer machen und es gern anders wollten, sich aber selbst im Weg stehen und die Kurve nicht kriegen. Ich kann mir aber auch vorstellen, dass ihr damals anderen Durst hattet als wir heute. Nach Frieden, nach gutem Lohn für gute Arbeit, nach sozialer Absicherung. Heute haben wir anderen Durst als Ihr damals. Nach Stille, nach Ruhe, nach Gelassenheit, nach Geborgenheit.

Durst ist doch ein anderes Wort für Sehnsucht, oder nicht? Durst ist ein starkes Gefühl. Durst muss gelöscht werden, und wenn er gelöscht ist, dann.... Dann geht's wieder gut. Nie schmeckt Wasser besser als nach einem ordentlichen Durst. Sehnsucht ist ein starkes Gefühl. Und nie schmeckt Glaube besser als wenn unsere Sehnsucht in ihr ans Ziel kommt. Und Du stehst da und rufst und sagst: „Wenn ihr Durst habt, dann kommt zu mir und trinkt. Glaubt an mich, von dessen Leib Ströme lebendigen Wassers fließen“. Erst habe ich gedacht: Mit jedem Durst zu Dir, Jesus, und Du gibst mir zu trinken, das ist ein großes Wort! Und an Paulus habe ich gedacht, der den Durst hatte, gesund zu werden, er hat bei Dir getrunken, ist aber nicht gesund geworden. Und ich kenne Menschen, die mit dem Durst zu Dir kommen, schnell aus einer Depression zu erwachen und es geht so schnell doch nicht. Ich kenne Menschen, die begucken den Weg ihrer Kinder mit Sorge, kommen mit diesem Durst zu Dir. Und die Situation ändert sich nicht von heute auf morgen. Und diese tiefste aller Sehnsüchte, die geliebt, anerkannt und wertgeschätzt zu sein, die erfüllt sich nicht von heute auf morgen. Auch bei Dir nicht. Ich muss das so sagen, um die Menschen vor Enttäuschungen zu bewahren. Wer Durst hat, der komme und trinke, hast Du gesagt. Der Durst kommt wieder. Aber wer Dich kennt, der hat eine Quelle. Der weiß, wo er hin kann. Wo er immer wieder zu Trinken bekommt. Wir, die wir Dich kennen, Jesus, haben zu lange vergessen, zu sagen, dass wir bei Dir, der Quelle des Lebens, bleiben müssen. Und immer wieder trinken. Wir müssen dieses Leben an der Quelle einüben. Selbst das Wasser der Liebe, der Anerkennung und der Wertschätzung müssen wir immer wieder trinken.

Laubhüttenfest, der letzte der große Tag, und Du stehst mitten im Tempel und rufst: „Wenn ihr Durst habt, dann kommt zu mir und trinkt. Glaubt an mich, von dessen Leib Ströme lebendigen Wassers fließen". Und Du beeindruckst die Menschen. Ich hab wieder an Paulus gedacht. Gesund ist er nicht geworden, aber wie hat ihn diese Begegnung mit Dir durch sein Leben getragen. Wie hast Du ihn inspiriert. Wie viele Menschen nach ihm, über 2000 Jahre hindurch - bis zu uns.

Wir sind krank, haben unsere Sorgen, machen uns unsere Gedanken um die Kinder, um Harmonie und Versöhnung, wir wünschen uns, das richtige Leben zu leben, sinnvoll und erfüllt, wir wollen gern selbst anderen zum Segen und nicht zur Belastung werden; wir leben mit dem, was andere uns in den Weg legen und leben damit, dass wir uns selbst oft im Weg stehen und sind doch von Dir inspiriert, getragen. Wir fühlen, dass von Dir etwas ausgeht. Du beeindruckst uns, Jesus. Tief, trotz all der Dinge, die uns das Leben manches Mal schwer machen, geht von Dir ein tiefer Friede aus. Und zu dem finden wir immer wieder zurück. Es ist ein Geheimnis- aber so ist es.

Was Du da gemacht hast, Jesus, ich weiß gar nicht, wie ich das nennen soll? Ich suche einen Begriff und finde ihn nicht. So habe ich diesen Brief angefangen. Was machst Du mit mir, Jesus? Ich weiß gar nicht, wie ich das nennen soll? Ich suche einen Begriff und finde ihn nicht. So werde ich diesen Brief beenden und Dir danken: Du bist das Fenster, durch das ich Gott am Werk sehen kann und höre: *Wenn Du Durst hast, dann komm zu mir und trinke und glaube an mich, von mir gehen Ströme lebendigen Wassers aus.* Und eine Bitte noch: Hilf mir, immer wieder zur Quelle zu kommen, und mich einzuüben, in dieses Leben mit Dir. Amen

Johannes 14, 1: Furcht und Liebe

„Furcht ist nicht in der Liebe..." Diesen Satz müsst Ihr mal richtig durch kauen. Ein bisschen dabei bleiben: „Furcht ist nicht in der Liebe". Was bedeutet das? Normal ist: Du hörst den Satz und gehst zur Tagesordnung über. Dann ist er aber auch gleich wieder weg. Das machen wir heute anders.

„Einfach drüber hinweg...", das hat dieser Satz nicht verdient. Johannes auch nicht. Und der hat ihn geschrieben, und Du hast es auch nicht verdient. Gehst Du einfach über diesen Satz hinweg. Dann bringt er dir nichts. Gar nichts. Aber das soll er ja. Johannes definiert Liebe. Wenn Dein Kind einen Becher fallen lässt, und Du brüllst es gleich unglaublich an; dann ist das nicht unbedingt Liebe. Das macht Dein Kind nicht unbedingt freier. Eher im Gegenteil. Noch mal fallen, brüllen, und es wird den Becher verkrampft halten. Aber das ist ja erst mal unser Impuls: Erst mal aufschreien: „Was machst du da?" Ein Becher lässt sich ersetzen. Eine deformierte Seele braucht ihre Zeit, um zu heilen. Wie befreit wächst ein Kind auf, dessen Eltern das Kind mit einem „halb so schlimm..." trösten.

Wenn Du fürchtest, dass Dein Mann dich betrügt, dann hat Eure Liebe einen tiefen Riss. Dann hat sich was absolut Ungutes an Misstrauen und Kontrolle eingeschlichen. Die Liebe ist ein ganz empfindliches Pflänzchen.

Ich kann mich gut an eine Frau erinnern, die betrogen worden war. Jede Minute, die er danach zu spät nach Hause kam, wurde zur Qual. Und diese Qual brauchte ein Ventil. Bald war das, was an Liebe noch da war, aufgefressen. Sie haben sich getrennt.In der Furcht war keine Spur Liebe mehr. *Es ließ sie einfach nicht mehr leben.*

Aber Johannes dreht das ja gerade um und bezieht diesen Satz auf Gott: *Furcht ist nicht in der Liebe.* Unser Verhältnis zu Gott ist so durch die Liebe geprägt, dass da keine Spur von Furcht mehr drin sitzt: Nicht zu fürchten, am Ende unseres Lebens von Gott gerichtet zu werden. Nicht zu fürchten, es Gott hier im Leben nicht recht genug zu machen. Überhaupt nicht zu fürchten, Gottes Liebe verlieren zu können.

Das Schöne an der Liebe ist ja, dass sie Freiheit schenkt. Und diese Freiheit können wir leben. Gott brüllt nicht. Gott betrügt auch nicht. Gott liebt. Und wir müssen das für uns durch buchstabieren, was das für unser Leben bedeutet. In Gottes Liebe geborgen zu sein, bedeutet: frei sein. In unserem Verhältnis zu Gott hat Furcht überhaupt keinen Platz; und eigentlich auch nicht im Verhältnis zu anderen Menschen. „Wie guckt sie mich denn heute schon wieder an?..." und eigentlich auch nicht im Verhältnis zu Dingen wie Verlust des Arbeitsplatzes, Krankheit, Tod. Die Liebe, mit der Gott uns liebt, die müsste in alle Bereiche unseres Lebens ausstrahlen: *dann wären wir echt frei.* Liebe ohne Furcht wäre das. Aber die haben wir nicht. Und die suchen wir. Ein Leben lang.

Eva und Adam hatten sie. Bis zu der Geschichte mit der Frucht und dem Baum. Ihr wisst. Seitdem suchen alle Menschen. Und sie wissen auch, was sie suchen, weil sie eine Ahnung haben, wie es sein könnte. *Wie schön, wie vollkommen, wie frei. Wie entspannt es sich leben ließe in dieser Liebe Gottes*. Wie im Himmel. Einen Vorgeschmack. Oder: Eine Anzahlung haben wir schon. Aber es geht noch mehr.

Und am Schluss kommt´s voll. Aber wir sind noch auf der Welt. „In der Welt habt ihr Angst..." Wieder so ein Satz von Johannes. Angst habt ihr. Nicht Furcht. Ich fürchte mich davor, dass meine Mutter mich anbrüllt, wenn ich die Tasse fallen lasse. Ich fürchte mich davor, dass ans Tageslicht kommt, dass mein Mann mich doch betrügt. Das ist Furcht. Aber Angst. Das ist das Tier, das mich ohne Vorwarnung anfällt. Mir den Hals zuschnürt und das Herz verengt. Angst kommt aus dem Lateinischen: Angustiae. Das ist Beklemmung. Das ist Enge des Atemraumes. Maximalzustand der Angst ist, wenn es das Herz total abschnürt. Angina pectoris. Angst, sagt Martin Heidegger: Ist das in der Welt sein als solches. Ein bisschen kompliziert. Johannes kann das einfacher: In der Welt habt ihr Angst, sagt er. *Angst ist unsere Existenzform. Und die sitzt viel tiefer als die Furcht - viel tiefer.*

Unsere Angst vor dem Nichts, vor dem Vergehen. Vor dem Tod. Das ist die Angst, die hinter und unter allem lauert, und die uns manchmal anfällt wie ein Tier. Und da gehen nur zwei Sachen. Wegrennen. Oder sich stellen und den Kampf annehmen. Viele Menschen rennen einfach vor dieser Angst davon. Sind einfach immer unterwegs. Getrieben. Finden einfach keine Ruhe. Hinter jeder Ecke lauert die Angst. Diese elende Sinnlosigkeit. Im Grunde genommen dürfen wir nichts verpassen. Dürfen keine Fehler machen. Es ist, wie wenn man uns mit dem Leben auf eine Schiene gesetzt hätte. Die Strecke ist begrenzt. Und am Ende lauert das Nichts. Der Abgrund. Das Verlöschen. Und wir müssen den Sinn unseres Lebens in der Zeit, die wir haben, in der wir auf der Schiene unterwegs sind, selber machen. Den Sinn unseres Lebens selber machen. Das ist anstrengend. Da sterben wir schon zu Lebzeiten tausend Tode: War das richtig, mich für diesen Job zu entscheiden? Oder hätte ich was anderes machen sollen. Ich kann so eine Entscheidung nicht beliebig oft wiederholen und manchmal entscheide ich mich einmal und danach nie wieder.

Das wissen wir. Ich entscheide mich ja nicht nur für etwas. Wenn ich mich für einen Job entscheide, dann entscheide ich mich gleichzeitig gegen einige andere. Die ich auch hätte machen können. Und damit muss ich leben. Ich setzte die Richtung. Und ich muss das verarbeiten, dass mein Leben hätte anders laufen können - und teilweise werde ich das echt betrauern. Vor allem wenn´s nicht gut läuft. Wenn ich mich entscheide, mein Kind immer anzubrüllen, wenn es etwas fallen lässt; dann entscheide ich mich gegen ein: „halb so schlimm...." Und ich lebe damit, dass mein Kind sich nicht so frei entfaltet, wie es sich entfalten könnte. Wenn ich mich in einem Konflikt für die harte Linie entscheide, dann verwerfe ich den Weg der Versöhnung und lebe damit. Wenn ich mich in meinem Leben für das Geldverdienen; für die Karriere entscheide, dann entscheide ich mich dafür, dass Beziehungen auf der Strecke bleiben und lebe dann damit. Muss es eventuell später heftig betrauern.

Die Angst vor dem Tod ist die Mutter aller Ängste. Und es ist wichtig, sich einmal zu realisieren, dass diese Angst uns wie eine Lokomotive über die Schienen treibt, um im Bild zu bleiben. Sich klar zu machen, dass diese Angst diese unglaubliche Unruhe in unser Leben bringt.

„Unruhig ist mein Leben", sagt Augustinus bis..., aber dazu kommen wir später. Eine Form des Wegrennens ist: Wir verdrängen die Angst. Schieben sie einfach weg. Das geht - aber sie ist natürlich noch da - und kann jederzeit wieder zupacken. Ich muss dabei immer wieder an eine junge Frau denken. Ende 20. Sterbenskrank. Kurz vor ihrem Tod. Ich hab sie ein paar Mal besucht. Sie saß immer - vormittags, wie nachmittags - vor dem Fernseher. Ich konnte mit ihr nicht reden. Nicht über das Leben. Nicht über den Tod. Nicht über Gott. Immer lief irgendeine Show. Irgendeine Serie. Sie saß davor. Ich daneben. Ich konnte mit ihr auch nicht beten. Ich bin immer richtig gefrustet von ihr weg. Das war Verdrängung in konzentrierter Form.

Wir fliehen vor der Angst und sehnen uns nach Liebe. Das sind zwei unglaublich starke Motive unseres Lebens, und wir lieben das Leben - alle. Die Flucht und die Sehnsucht - die Angst und die Liebe - starke Motive unseres geliebten Lebens. Und Angst bestimmt uns, wenn wir Gott ausklammern. „Niemand ist im All so sehr allein, wie jemand, der Gott leugnet". Auch wenn er das so nie zugeben würde. Ich glaub, ich hab das bei Helmut Thielicke gelesen, einem Theologen - leider schon 1987 verstorben. Und niemand fühlt sich in dieser Welt so geborgen, wie der, der aus der Liebe Gottes lebt. Wer entdeckt hat, für sich entdeckt hat, dass Jesus Christus Gottes Liebe in Person ist.

Es gibt eine Untersuchung darüber, welche Paare am besten mit dem Tod des Partners fertig werden. Die, die im Stress miteinander alt geworden sind oder die, die in Liebe alt werden konnten? Man sollte meinen, die Stresspartner werden mit dem Tod des anderen am besten fertig- endlich ist der Alte/die Alte unter der Erde - jetzt kann das Leben noch mal beginnen. Aber so ist es gerade nicht. Am besten kommen die Menschen mit dem Tod des Partners / der Partnerin klar, die in Liebe miteinander gelebt haben. Die trauern heftig und auch lang, aber es bleiben keine Reste. Es bleibt keine eiternde Wunde. „Euer Herz erschrecke nicht.... nicht vor der Angst vor dem Tod; nicht vor den Fehlern des Lebens, die ihr gemacht habt; nicht vor den falschen Weichenstellungen, die ihr getroffen habt - glaubt an Gott und glaubt an mich. Ihr merkt: Das ist die Stimme der Liebe und das ist die einzige Stimme, mit der wir unser Lebensangst stand halten können. Angst ist nur durch Liebe zu überwinden. Nur durch Liebe.

Unruhig ist mein Herz, sagt Augustin, bis es Ruhe findet: Gott in Dir. Liebe bändigt Angst. Gott setzt uns nicht auf eine Schiene und hetzt uns mit der Angst wie eine Lok durch das Leben, um uns dann am Ende in den Abgrund stürzen zu lassen. Gott gönnt uns Zeit - wir halten unsere eigenen Fehler aus - wir vertrauen Gott, dass er trotzdem was Gutes daraus macht. Unsere falschen Weichenstellungen bringen uns nicht zur Verzweiflung, weil unser irdisches Ende nicht der Abgrund ist

- eher die Vollendung, das Eintauchen in die vollkommene Liebe Gottes.

Meine Großmutter wohnte mitten im Dorf. An einem Weiher. Und ich musste als kleiner Junge eine Lohne hoch gehen. Links eine hohe Hecke. Rechts eine Häuserfront. Und dann am Weiher vorbei. Wenn ich im Winter zu ihr wollte, im Dunklen, dann sackte mir mein kleines Herz in die Hose. Ich hatte Angst. An der Hand meiner Mutter, meines Vaters, war das okay. Es ging gut. Glaube ist: An der Hand Gottes. An der Hand Jesu durchs Leben gehen. Amen

Aus den Briefen des Paulus

Epheser 4, 22 - 32: Eine geistliche Altkleidersammlung

In Remels ist Kleidersammlung. Gucken Sie mal in unsere rechte Garage[7]. Das Teil quillt über. Kleidersäcke bis auf den Parkplatz. Von morgens bis abends rollen die Autos Richtung rechte Garage. Kurz halten. Kofferraum auf. Kleidersack raus. Und wieder ab nach Haus. Wir sind im ganzen Kirchenkreis absolute Spitze – bei der Kleidersammlung. Nach der Sammlung gibt's eine kleine Statistik. Spitzenreiter immer: St. Martins Kirchengemeinde Uplengen-Remels. Wie auf Befehl schmeißen wir unsere Klamotten weg. 2 Mal im Jahr. Hingen sowieso nur noch im Schrank herum. Ab in den blauen Sack. Ärmel an den Ellenbogen schon ziemlich dünn. Weg damit. Hemd am Kragen abgewetzt. Damit darfst Du einfach nicht mehr unter´s Volk. Und Tschüss. Pulli weit und schwabbelig. Nach der letzten Hungerkur nicht mehr zu gebrauchen. Auf Wiedersehen. Die Hose sieht aus, als könnte sie auch ohne meine Beine laufen. Soll ein anderer damit glücklich werden. Einige Klamotten sind eigentlich noch okay.

Immer fein mit Lenor oder war´s Perwoll? gespült. Farbe gut erhalten; aber sie sind auch schlicht und ergreifend aus der Mode gekommen. Die zieht kein Mensch mehr an. Und wer will schon so aussehen, als habe er das letzte Jahr modetechnisch im Keller überwintert? Hose, Rock, Pulli, Rolli, Hemd, Anzug, Kostüm, Mantel, Jacke - Socken nicht zu vergessen. Auf dem Acker brauch ich keinen Anzug und beim Sport keinen Smoking. Aber beim Empfang oder beim Konzert. Chic aussehen … will ich auch. 2 Mal im Jahr quillt unsere rechte Garage über. Kleidersäcke bis auf den Parkplatz. Zieht es aus. Runter damit. Werft es weg. Neues her und … weiter geht's. Sie fühlen sich besser. Passt wieder. Sitzt wie angegossen. Die Frau, der Mann, der Jugendliche, macht was her. Modisch top.

Wenn Sie Ihre lästigen Angewohnheiten so leicht entsorgen könnten, wie Ihre Klamotten..., wenn

7 Die rechte Garage der Kirchengemeinde dient jeweils 2 Wochen im Jahr als Sammellager für Altkleider

Sie Ihre kleine oder dicke Lüge so einfach in den blauen Sack packen könnten wie Ihre alte Hose; wenn Sie Ihren kleinen oder großen Diebstahl so locker aus dem Regal nehmen und entsorgen könnten wie Ihren Lenor oder Perwoll gewaschenen Pulli. Wenn Sie Ihre kleinen und großen Lästereien und kollegialen Bosheiten vom Bügel nehmen könnten wie ihr am Kragen abgewetztes Hemd..., wenn Sie Ihre Bitterkeit, Ihre Aggression, Ihr Geschrei aus dem Schrank reißen könnten wie die alte Jacke. Und dann alles zusammen in den blauen Sack und in die kirchliche Garage, die rechte. Das wäre doch was.... Den alten Menschen los werden.

Den Frust darüber, sich immer wieder an den gleichen Stellen aufzuregen. Die Enttäuschung, nicht aus der alten Haut heraus zu können und immer wieder in die gleichen Fallen zu tappen. Die Resignation, sich eigentlich nicht ändern zu können. Das wäre doch was. Diesen alten Menschen in den blauen Sack zu packen. Dich selbst los werden. Endlich dich selbst los werden und ein Neuer sein. Das wäre nicht einfach was. Es ist was. So eine Kleidersammlung gibt's. Und zwar schon ziemlich lange. Und es ist auch ein bisschen anders als bei der Spangenberg- und der Bethel- Sammlung. Bei der Kleidersammlung, von der ich jetzt rede. Da muss die Hose aus, auch wenn sie noch so gut sitzt. Da muss der Pulli weg; da muss die Jacke vom Bügel und das Hemd aus dem Regal. Neue Kleidung muss her. Sollte die alte auch modisch in Ordnung sein. Sie kleidet dich nicht mehr. Sie passt nicht mehr zu dir. Nein. Nein. Nicht wegen weight watcher/ meta bollic oder einer andere Diät.

Sie passt nicht mehr zu Dir, weil; .... ich weiß jetzt gar nicht genau, wie ich das am besten sagen, am deutlichsten sagen soll; sie passt einfach nicht mehr zu Deinem Wesen. Zu Deinem Kern. Zu Deinem Innersten. Oder ich sag es einfach mal so: Sie passt nicht zu dem, was Gott Dir schenkt. Deine alte Kleidung passt nicht zu dem Bild, dass Gott von Dir hat. Und wenn Du ehrlich mit Dir selbst bist. Dann bist Du doch unglücklich mit Dir selbst. Mit Deiner alten Hose. Dem Pulli und dem Hemd. Wenn Du ehrlich mit Dir selbst bist. Dann sehnst Du Dich doch nach neuen, nach anderen Kleidern. Dann möchtest Du doch anders leben. Anders sein. Aber..... es scheint so mühsam, sich zu ändern. Es scheint, ich muss mich furchtbar anstrengen. Und... die alte Hose, die die schon ohne mich laufen kann, die hat auch was. Gewohnt, vertraut. Ausgebeult. So kenne ich sie. Und so leiden wir weiter am Vertrauten, meinen, nur unter großer Anstrengung was ändern zu können und ... lassen es sein. Und leben unseren Glauben als, ja als was eigentlich?

Als ein Gerüst, um mir die Welt und das Leben zu erklären? Als eine Anleitung, um gut und böse unterscheiden zu können? Aber auch als einen Weg, um eine andere/ ein anderer zu werden; als ein Weg, um auf Gott hin zu wachsen, um Jesus Christus ähnlicher zu werden? Um der Mensch zu werden, der wir in Gottes Augen schon sind. In den wir hineinwachsen können?

Glaube als Lebenshilfe? *Zieht den neuen Menschen an, der nach dem Bild Gottes geschaffen ist in wahrer Gerechtigkeit und Heiligkeit.* Das soll der 1. Satz des Predigttextes für heute sein. Der neue Mensch ist da. Der ist da. Dich gibt's ... in einer anderen Ausgabe. Nach Gottes Bild geschaffen. Und das ist Gottes Angebot. Langsam aber sicher in dieses Bild, dieses neue hinein zuwachsen: *Legt deshalb die Lüge ab und redet untereinander die Wahrheit; denn wir sind als Glieder miteinander verbunden.* Lüge zerstört Beziehungen und richtet in Dir selbst ein Chaos an. Menschen, die die Wahrheit sagen, die sind wahr, auf die kann man sich verlassen. Deshalb Gottes Angebot. Die Hose der Lüge in den blauen Sack. *Lasst euch durch den Zorn nicht zur Sünde hinreißen! Die Sonne soll über eurem Zorn nicht untergehen.* Zornig können wir sein. Müssen wir sogar. Manchmal. Aber nicht ungerecht werden im Zorn. Den anderen nicht verdammen. Den ganzen Körper nicht unter Zorn setzen. Also das richtige Kleidungsstück wählen. *Gebt dem Teufel keinen Raum*! Das wäre schon eine Predigt für sich. Der Teufel ist einfach der falsche Designer. Darum immer wieder gucken. Was für ein Kleidungsstück hab ich hier in der Hand. Kleidet es mich? Oder macht es mich hässlich? Hässlich; dann hat der Teufel die Hand an der Nähmaschine gehabt.

Der Dieb soll nicht mehr stehlen, sondern arbeiten und sich mit seinen Händen etwas verdienen, damit er den Notleidenden davon geben kann. Wie viel Misstrauen kommt durch einen Diebstahl unter die Menschen? Und wie viel Kraft braucht es, um sich wieder gut begegnen zu können. Das Hemd des Schenkens ist einfach schöner als der Pullover des Stehlens.

Über eure Lippen komme kein böses Wort, sondern nur ein gutes, das den, der es braucht, stärkt und dem, der es hört, Nutzen bringt. Wie schön angezogen sind wir, wenn wir anderen mit unseren Worten eine Hilfe sind; und wie schmuddelig, wenn unsere Worte zeigen, dass wir dem anderen die Butter auf dem Brot nicht gönnen.

B*eleidigt nicht den Heiligen Geist Gottes, dessen Siegel ihr tragt für den Tag der Erlösung*. Das ist der andere, der gute Designer. Der Geist Gottes. Der Geist Jesu. Und der soll fröhlich in uns leben können. Der soll es gut haben bei uns. Gerne bei uns wohnen.

Jede Art von Bitterkeit, Wut, Zorn, Geschrei und Lästerung und alles Böse verbannt aus eurer Mitte! Sind wir bitter, ja, dann schmecken wir so, wie wir sind...; lebt in uns eine kalte Wut, dann kann keinem in unserer Nähe warm werden; schreien wir herum, dann brüllen wir alles Stille und Leise nieder und lästern wir, dann zeigen wir nur, wie verächtlich wir auf Mensch und Leben gucken. Und Gottes Geist wohnt nicht in uns. Kann er nicht und will er nicht.

Seid gütig zueinander, seid barmherzig, vergebt einander, weil auch Gott euch durch Christus vergeben hat. Gütig leben. Barmherzig sein und vergeben können. Das sind die neuen Kleider. Die zu dem neuen Menschen passen. Zu dem, den Gott schon geschaffen hat. Immer wieder anprobieren.

Hineinwachsen. Damit bewegen und laufen. Bis sie sitzen. Das ist unser Glaube. Anprobieren. In den neuen Kleidern bewegen. Nehmen, was Gott uns hin hält. Leben, weil wir geliebt sind - vergeben können, weil uns vergeben ist. Das ist Glaube. Annehmen, anziehen, anprobieren, empfangen - in Jesus hinein wachsen -. Kleidersammlung in Remels, das wäre eine starke Sammlung - in den blauen Säcken unsere alten Klamotten - und wir dabei, die neuen anzuprobieren, unseren Glauben zu leben und in Christus hineinzuwachsen, ihn anzuziehen. Ich wünsche es uns. Amen

1. Timotheus 2, 1-6a: Beten ist Reden mit Gott

„Die Rose ist ohne Warum. Sie blühet, weil sie blühet. Sie achtet nicht ihrer selbst, fragt nicht, ob man sie siehet“. Angelus Silesius[8]. Das lässt sich auch schön über das Gebet sagen: Es blüht, weil es blüht; achtet nicht auf sich selbst, fragt nicht, ob man es sieht oder hört - es lebt aus sich selbst.

„Vor allem anderen bitte ich Euch, betet …“, so beginnt unser Predigttext. „Vor allem anderen bitte ich Euch, betet...“. Am Ende meines Besuches bittet er mich, für ihn zu beten. Schwerkrank wie er ist. Und eigentlich keine Chance gesund zu werden. Ich weiß nicht recht, in welche Richtung mein Gebet gehen kann und frag ihn: „Wofür soll ich beten?“ „Um Heilung, ich möchte gerne noch eine Zeit leben“. Viel schwerer hätte es für mich nicht werden können. Ich fürchte, dass er seine ganze Hoffnung auf mein Gebet richtet und dass Gott ihn dennoch nicht gesund macht. Und hoffe selbst gleichzeitig, dass so was wie ein Wunder passiert: Wir beide beten und seine unheilbare Krankheit verschwindet. Das wäre doch... einfach unglaublich. Aber rechne ich wirklich damit? Ich nehme meinen Mut zusammen und sage ihm meine Hoffnung und meine Befürchtung. Er nimmt mir meine Sorge. „Es wäre wirklich schön, wenn Sie für mich beten. Ich weiß, dass ich krank bleiben kann und Gott mich nicht gesund werden lässt“. Wir beide beten. Es wird ein Ritual. Am Ende eines jeden Besuches steht unser Gebet. Er lebt länger als erwartet; aber er wird nicht gesund.

Und in unseren Gebeten verarbeiten wir diese Erfahrung. Seine schwindende Hoffnung und Lebenskraft. Das ganze Hoffen und Bangen dieser Monate. Leben und Sterben. **„Die Kraft des Menschen ist das Gebet. Beten heißt sich Gott anzuvertrauen“**, sagt Dietrich Bonhoeffer. Genau das ist hier zu spüren. Hier kommt eine Kraft ins Spiel, die einen Menschen getröstet seine Krankheit tragen und dann sterben lässt. Es ist eine schwere, aber auch ein unglaublich wertvolle Zeit.

„Vor allem anderen bitte ich Euch, betet...“. Haben Sie schon einmal einem Menschen gesagt: „Ich bete für Sie?“ Sie haben bestimmt noch keinen getroffen, der sich dafür nicht bedankt hätte und

8 Deutscher Lyriker und Theologe 1624-1677

manchmal erzählen sie sogar, dass sie das gespürt hätten: „Ich hab das gemerkt. Ich hatte plötzlich eine unglaubliche Kraft. Ich war total ruhig. Getröstet". Und hat Ihnen schon mal jemand gesagt: „Ich bete für Sie?" Und Sie haben gespürt, wie gut Ihnen das tut. Wie warm Ihnen diese Worte durch die Seele gehen. Ein Mensch denkt an Sie und bringt Ihre Sache vor Gott. „Vor allem anderen bitte ich Euch, betet...". Manchmal frage ich am Ende eines Beerdigungsgespräches, ob es in Ordnung ist, wenn ich noch bete. Mir ist wichtig, dass so zu formulieren und nicht zu sagen: „Ist es in Ordnung, ein Gebet zu sprechen". Wenn ich bete ist das fundamental anders als wenn ich ein Gedicht spreche, aufsage: Ich bete: **Ich** bin das. **Ich** mit meinen Gefühlen, meinem Glauben, meinem Körper, meiner Stimme – ich - in diesem Moment - ich bete als ganzer Mensch.

Also: **Ich bete.** Und es ist immer in Ordnung, bei einem Trauerfall die Atmosphäre, das Leid und die Trauer, Situation und die Menschen in Worte zu sammeln und vor Gott zu bringen. Nur einmal... Da war es nicht in Ordnung. Ihr Mann war verstorben und kurze Zeit danach der Sohn. Nein. Beten wollte sie nicht. Sie war nicht einverstanden. Nicht mit ihrem Leben und nicht mit Gott. Und sie hatte recht. Und ich in dem Augenblick nicht den Mut, ihr zu sagen, dass beten auch klagen heißen kann. Tief und aufrichtig klagen. Gott fragen und anklagen, warum das so sein muss. Und ihm sagen, dass ich es eines Tages gerne von ihm wissen will, warum. Warum beide? Und warum der Sohn so früh? Und wo Gott war und wie ich ihn vermisst habe. Ich hatte nicht den Mut, ihr zu sagen, dass es auch in ihrer Situation gut ist zu beten. Klagend mit Gott zu reden. Für ihr Verhältnis zu Gott wäre es gut gewesen und für ihr Leben auch. Ihre Beziehung zu ihm hätte anders, tiefer gelebt – durch ihre Trauer, ihren Zweifel, ihre Klage hindurch. Es wäre gut gewesen, richtig mit Gott zu hadern. Auch für ihr Leben wäre es gut gewesen. Nicht in der Resignation, in der Verzweiflung stecken zu bleiben. „Vor allem anderen bitte ich Euch, betet...". Für Menschen wie sie. Für die, die selbst nicht mehr beten können. Unsere Aufgabe ist das als Gemeinde Jesu. „Vor allem anderen bitte ich Euch, betet...".

Sie war die erste am Unfallort. Der junge Mann bei Bewusstsein. Aber in seinem Unfallauto eingeklemmt und schwer verletzt. Und sie geschockt. „Ich habe mit ihm geredet und gleichzeitig gebetet". Erzählt sie später: „Ich weiß gar nicht, was ich alles gebetet habe. Es kam mir nur so über die Lippen. Ich hab gebetet oder es hat in mir gebetet". Damit sagt sie genau das, was Paulus einmal so beschreibt: „Der Geist Gottes betet in uns, wenn uns dazu die Worte fehlen...." „Vor allem anderen bitte ich Euch, betet...". Für alle Menschen - es gibt so vieles, wofür wir beten können - in Gedanken einmal durch die Nachbarschaft, in Gedanke durch die eigene Familie gehen, in Gedanken bei den eigenen Freunden und den Arbeitskollegen stehen bleiben. Wie viele sind krank und brauchen dein Gebet? Wie viele stecken fest im Leben und warten auf dein Gebet?

Letzten Sonntag war so ein Moment, wo mir das wieder einmal klar wurde: Vorne im Altarraum die Konfirmanden und Konfirmandinnen des anderen Pfarrbezirkes. Bevor sie eingesegnet werden, gibt meine Kollegin uns als Gemeinde die Gelegenheit, für die Konfirmanden zu beten. Und was gäb es da nicht alles zu beten: dass sie zurecht kommen im Leben, in der Schule, im Beruf und in der Liebe. Dass sie behütet und beschützt bleiben und einen wirklich guten Weg ins Leben nehmen, einem jeden von ihnen wünschen wir das. Und dass sie zum Glauben finden, dass sich ihnen die Liebe Gottes ins Herz senkt und dass Jesus die zentrale Rolle spielt.

Wer eigene Kinder im pubertären Alter hat, weiß, wovon ich rede. Ich hoffe, die Gemeinde hat am Sonntag die Gelegenheit ergriffen und für die Jungen und Mädchen gebetet. Ich hoffe, es war uns als Gemeinde eine Herzensangelegenheit, das zu tun und wir haben die Chance, die Jugendlichen in ein Meer von Gebeten zu tauchen nicht einfach verstreichen lassen.

„Vor allem anderen bitte ich Euch, betet...". Es gibt so vieles, wofür wir Gott danken können. Ein Blick aus dem Fenster. Ein Gang durch die auf blühende Natur, die Farbe der Blätter und Blüten spiegelt wie von selbst Freude in unsere Seele. Unser Dank macht die Natur erst zu dem, was sie ist: Gottes Geschenk an Dich. Aber so einfach ist das mit dem Loben nicht: Wir können ja so selbst versunken und selbst beschäftigt durch die Gegend laufen, dass wir das alles gar nicht wahr nehmen, gar nicht ins Loben kommen und bei unseren Problemen stecken bleiben.

„Lobe den Herrn, meine Seele..." Psalm 103 und 104 - es ist fast so als ob wir Menschen zwei Seelen haben: eine wache und eine matte, eine sehende und eine, die stumpf in sich selbst vergraben ist. Dann muss die eine Seele die andere wach rütteln: „Nun sing doch endlich mal, meine schwermütige und schwer mit dir selbst beschäftigte Seele...". Zu seufzen ist keine große Kunst, zu loben aber schon. Darum: „Vor allem anderen bitte ich Euch, betet..." und dankt und lobt: einmal in Gedanken durch´s eigene Leben gehen; durch das Leben der eigenen Familie und das einsammeln, was richtig gut war, und richtig gut ist und richtig gut bleibt. Und dass Gott in unser Leben eingezogen ist, das ist besonders gut. Unser Glaube lebt davon, dass wir diese schönen von Gott geschenkten Dinge des Lebens einsammeln, unsere Hoffnung lebt davon, dein Wesen auch.

Das Gebet der liebenden Aufmerksamkeit am Ende eines Tages ist eine schöne Gelegenheit dazu, das einzuüben: Was war gut – heute - welche lieben Menschen sind mir begegnet? Was war auch nicht so gut - beides vor Gott bedenken und dann das Gute mit in den Schlaf hinein nehmen. Gebet der liebenden Aufmerksamkeit. „Vor allem anderen bitte ich Euch, betet...". Warum ist das Gebet so wichtig? Ganz einfach - D***ein Gebet ist Deine Antwort auf Gottes Anrede an Dich.*** Punkt. ***Du betest, weil Gott mit Dir geredet hat.*** Und eigentlich willst Du mit deinem Gebet nichts erreichen. Vollkommen zweckfrei ist Dein Gebet. Du redest bloß. Du sprichst mit dem, der Dich liebt. Und indem Du mit dem sprichst, der Dich liebt, änderst Du Dich auf den hin, der Dich liebt. Die Sprache seiner Liebe formt Dich und geht durch Deinen Mund an Gott zurück: und nochmal wichtig, sich klar zu machen, dass Dein Gebet nicht eine Sache ist, wie das Aufsagen eines Gedichtes: Dein Körper, Dein Herz, Deine Seele und Dein Verstand- Du als Mensch antwortest der Liebe Gottes, und natürlich bittest Du dabei auch um bestimmte Dinge. Es gibt keinen Grund, warum nicht alles vor Gott kommen sollte, was Dich bewegt. „Vor allem anderen bitte ich Euch, betet...“. Ja. Du hast recht, manchmal ist das Gebet wie ein hartes Stück Graubrot. Trocken und zäh. Da hilft nur Disziplin: regelmäßig - und nicht nachlassen, gleiche Zeiten, früh am morgen, spät am Abend - sind die besten - und Ausdauer. Auch kauen, wenn das Brot echt hart ist und dazu ist nicht mehr viel zu sagen: Nur: Duch das harte Stück Graubrot ernährt und formt den Körper, wie es das Gebet auch tut. Du lernst an Deinem Gebet, Du nimmst das Leben anders wahr, die Natur und die Menschen auch. Du leidest am Ungerechten, Du setzt Dich ein für die Liebe, die Gerechtigkeit, Du formst in Dir den Willen Gottes, Du bildest Dich in seinen Willen ein. „Vor allem anderen bitte ich Euch, betet...“, antworte Deinem Gott, der in Liebe mit Dir spricht. Amen

1. Korinther 9, 24- 27: Der Mensch, ein Wesen, das üben muss

Der erste Satz einer Predigt muss gut sein. Interessant. Nicht unbedingt lustig. Aber interessant. Er kann auch nachdenklich sein. Natürlich. Ich muss Ihre Aufmerksamkeit bekommen. Das ist wichtig. Sie müssen Ihre Ohren spitzen: „Was sagt der da?“ *Der Mensch ist ein Wesen, das üben muss.* Damit wollte ich anfangen. Mein erster Satz. *Der Mensch ein Wesen, das üben muss.* Hätte ich das gesagt, die Konfis und andere Jugendliche hätten sofort ihre Ohren hoch geklappt: „Ist ja wie zu Hause. Sagen meine Eltern auch immer. Sagen alle Erwachsenen. Alte Leier“. Und dann lieber gleich die Ohren zu. Also den lieber nicht als ersten Satz. Dabei stimmt der. Der stimmt wie der Satz, dass Gegenstände in einem luftleeren Raum mit 9, 81 m/sek^2 zu Boden fallen.

Fallgeschwindigkeit. Physikalisches Gesetz. Ohne Übung ist nichts. Läuft nichts. Geht nichts. Würde unser Posaunenchor nicht Freitag für Freitag üben, wir würden bald nur noch „So nimm denn meine Hände“ und „Jesu geh voran“ spielen können; aber nichts Anspruchsvolles mehr, wie Sie es von uns gewöhnt sind. Mal was Neues. Schöne Melodien. Üben. Stimmen aufeinander abstimmen. Üben. Disziplin. Und wenn wir merken: Es wird besser. Fängt an, gut zu klingen. Und wenn´s dann gut klingt. Dann macht´s richtig Spaß.

Der Mensch ist ein Wesen, das üben muss. Ohne Übung läuft nichts. Verkümmert jedes Talent. Und der einzelne Spieler muss natürlich auch üben. Erst nimmt man sich´s vor: Ich möchte Trompete spielen. Bläst in das Teil. Kaum ein geschickter Ton. Also üben. Du freust Dich, wenn Du irgendwann eine kleine Melodie spielen kannst. Zwischendurch willst Du die Trompete am liebsten gegen die Wand donnern, weil das Teil einfach nicht funktioniert. Du pfeifst aus dem letzten Loch. Kopf hochrot. Aber deine Trompete sagt nicht viel. Da brauchst Du echt Willen: Ich will das schaffen. Und manchmal klingt Deine Trompete so schief und krumm, dass die Blumen den Kopf hängen lassen, und Deine Familie dich am liebsten in den Luftschutzbunker schicken würde; dann brauchst Du Selbstbewusstsein, nochmal Willen und Disziplin: Egal, was sie sagen. Ich mach weiter. Und wenn Du dran bleibst. Immer wieder übst. Dann fragen sie Dich eines Tages, ob Du nicht ein Weihnachtslied begleiten könntest. Und Deine Leutchen sind ganz stolz, dass Du im Gottesdienst oder bei einem Konzert dabei bist.

Der Mensch ein Wesen, das üben muss. Das ist ein Naturgesetz. Und das gilt bis ins hohe Alter. Das sollte mein erster Satz sein. Ist er aber nicht geworden. Sie wissen, warum.

Der zweite, den ich überlegt hatte, geht so: *Der Mensch ist ein Wesen, das sich erst verlieren muss, um sich finden zu können.* Der ist für den 1. Satz eigentlich ein bisschen lang. Und Sie müssen sich richtig hinein hören und mitdenken, darum sag ich ihn noch mal. *Der Mensch ist ein Wesen, das sich erst verlieren muss, um sich finden zu können.* Auch quasi ein Naturgesetz. So sicher, wie sich die Erde um die Sonne dreht. Sie dreht sich in 23 Stunden und 56 Minuten einmal um die eigene Achse und im Laufe eines Jahres einmal um die Sonne. Und regelt so Tag und Nacht und Frühling, Sommer, Herbst und Winter und auf der Erde ist eine Menge möglich. Also: Zum Glück dreht sie sich. Hört sie damit auf, wird's gefährlich. Und wer zu Hause in seiner guten Stube sitzt und sich sagt: „Ich will als Mensch wachsen". „Ich will berühmt werden". „Ich will etwas aus mir machen. „Meine Persönlichkeit entwickeln". „Ich will mich erfahren. Wissen, wer ich eigentlich bin und was ich alles kann". Der stellt sich vielleicht vor, was er alles kann und hält sich für den größten Helden. Oder für einen großen Versager. Aber er kommt genau keinen Millimeter weiter.

Der Mensch ist ein Wesen, das sich erst verlieren muss, um sich finden zu können. Du muss Dich für etwas begeistern. Etwas absolut gerne machen. Du musst Dein Herz an etwas verlieren. Dich auf eine Sache konzentrieren. Und dann passiert etwas mit Dir. Du wächst, ohne es groß zu merken. Die anderen stellen das fest: „Der hat sich aber entwickelt..." Und wenn Du selbst Dich genau betrachten würdest, dann würdest Du Seiten an Dir kennen lernen, die Du einfach noch nicht kanntest. Sachen tun, die Du nicht für möglich gehalten hättest. Dir selbst gar nicht zugetraut. Du musst Dich an eine Sache verlieren, und Du wirst Dich selbst finden. Und: Du wirst sehen, was möglich ist. Große Frauen und Männer haben sich hingegeben. An eine Sache verloren. Martin Luther. Mutter Theresa.

Einstein. Es gibt viele. Wir werden nicht solche weltbekannten Persönlichkeiten. Aber wir werden uns selbst finden, wenn wir uns für bestimmte Dinge engagieren, einsetzen. Unser Herz daran verlieren. Wir werden mit der Sache wachsen. Als Menschen wachsen. Wir werden uns selbst erfahren und finden.

Der Mensch ist ein Wesen, das üben muss, und er ist ein Wesen, das sich erst verlieren muss, um sich finden zu können. Also: *Liebe Leute, verliert Euch an das Evangelium und übt Euch in den Glauben ein.* Das hätte mein dritter Anfangssatz sein können. Aber der sitzt hier an dieser Stelle natürlich besser, weil die anderen beiden ihn vorbereitet haben. Ich komme natürlich auf diese 3 Sätze, weil ich den Predigttext für heute im Hinterkopf habe. „Ihr wisst doch, schreibt Paulus seinen Gemeindegliedern in der Stadt Korinth, „dass die, die in einem Stadion ein Rennen laufen, die laufen alle, aber nur einer wird das Rennen gewinnen". Das Üben und das Sich an eine Sache verlieren, steckt schon in diesem Satz drin. Sie merken das. Ich muss das Laufen mögen. Es muss mir Spaß machen. An diese Sache hab ich mein Herz verloren. Ich mach das einfach gerne. Und ich übe.

Oder mit Paulus: „Ich laufe nicht einfach los. So aufs Geratewohl. Ich bezwinge meinen Leib. Zähme ihn." Okay. Das ist Wortlaut Paulus. Ich übersetze mal. Ich hab mir Trainingspläne erstellt. Ich laufe meine Runden. Verbessere meine Kondition. Arbeite an meiner Schnelligkeit. Verbessere meine Technik, um schneller aus dem Startblock zu kommen. Ich ernähre mich entsprechend. Stelle meinen Lebensstil auf das Laufen ein. Schlafe ausreichend. Habe einen guten Rhythmus zwischen dem Training und den Phasen der Erholung. Alles, um zu gewinnen. Die Läufer eines Rennens, sagt Paulus uns, die verlieren sich an ihren Sport. Strengen sich an. Die üben. Die verzichten auf vieles. Wofür? Um einmal auf dem Treppchen zu stehen. Um erster zu werden. Aber irgendwann wird keiner sich mehr daran erinnern, dass dieser einer der Sieger dieses einen Rennens war. Und doch. Doch strengen die Läufer sich dermaßen an, um einmal, ein einziges Mal der/ die Erste zu sein. Und Ihr. Ihr Christen?

Euer Treppchen ist doch viel, viel besser. Euer Treppchen ist das Leben bei Gott. Euer Treppchen kann Euch keiner nehmen. Darum die Frage an Euch: Setzt Ihr Euch so für das Evangelium ein? So wie ein Läufer. Übt Ihr Euch den Glauben ein? So wie ein Sportler? Verliert Ihr Euch an das Evangelium? Ich würde sagen: *Macht das.* Verliert Euch an Gott, um Euch zu gewinnen, um Euch zu finden. Ihr seid heute alle in der Kirche. Ich nehme an, weil Euch das Evangelium interessiert. Das ist gut. Das ist das Startkapital – sozusagen - aber nun hört genau hin und überlegt mal: Wo genau schlägt Euer Herz für den Glauben? Bei der Person Jesu Christi? Na dann, beschäftigt Euch mit ihm. Intensiv - verliert Euch an ihn. Oder schlägt Euer Herz für die Kirche - als eine Gemeinde von

Glaubenden, die gemeinsam unterwegs sind? Na dann, verliert euch daran. Wie könnt ihr Euch einbringen? Schlägt Euer Herz für einen Chor, den Posaunenchor zum Beispiel? Na dann bringt Euch ein, mit Herz. Bring Dich ein und Du gewinnst. Für den Kindergarten? Die Diakonie? Andere Formen des Lebens im Glauben? Kirchenvorstand? Kindergottesdienst. Verliere Dich an Deine Aufgabe und Du gewinnst. Fragst Du Dich, wie Du als Christ heute leben kannst unter den Bedingungen dieser Deiner Zeit? Na dann, verliere Dich an diese Frage und Du wirst daran wachsen- sicher. Fragst Du Dich darüber hinaus, wie Du Deinen Nachbarn, Deinen Arbeitskollegen, Deinen Mitschüler für Deinen Glauben gewinnen könntest, dann verliere Dich an diese Frage und Du wirst Dich gewinnen. Und übt - ja natürlich - übt den Glauben ein - aber sicher ist das nötig. Finde Formen des Glaubens für Dich. Zeiten, in denen Du betest. Zeiten, in denen Du in Deiner Bibel liest. Zeiten, in denen Du mit anderen über Themen des Glaubens redest. Zeiten, in denen Du mit anderen Gottesdienst feierst. Wie heute.

Der Mensch ist ein Wesen, das üben muss. Auch den Glauben. Es ist ein richtiger Trugschluss zu glauben, dass das alles irgendwie so von alleine ginge. Ich komme nicht von der Stelle, wenn ich nicht übe, auch im Glauben nicht.

Der Mensch ist ein Wesen, das üben muss, und er ist ein Wesen, das sich erst verlieren muss, um sich finden zu können. Auch und erst recht im Glauben. Wenn ich meine Bibel recht versteht: Ist dies sogar der einzige Weg: *Du findest und erfährst Dich als Mensch, indem Du dich an Gott verlierst.* Natürlich gibt es hier auf der Erde eine Menge, was uns daran hindert, uns an Gott zu verlieren. Aber ein weiteres Argument, neben dem, Dich selbst zu finden, könnte Dich vielleicht locken - nämlich dieses: *Gott hat sich an Dich verloren, um Dich für sich zu gewinnen. In Jesus hat Gott sich an Dich verloren, um sich zu finden.* Ich gebe zu: Der Satz ist gewagt. Aber sicher ist doch: Mit dem Leben Jesu, seinem Kreuz und seiner Auferstehung ist Gott ein anderer. Deinetwegen. Ein anderer. *Gott ist aus sich selbst heraus gegangen, um Dich zu gewinnen.*

Der letzte Satz einer Predigt muss nachklingen, der muss mitgehen. *Verlier Dich an diesen Gott. Übe das Leben mit ihm ein und Du wirst Dich finden und überzeugend leben am Ende bei Gott.*
Amen

Alttestamentliche Predigten

1. Mose 3: Von einer Frucht, einem Mann, der nicht zuhörte und von den Folgen

Ostermontag vor einigen Jahren. Passionsandachten und Ostergottesdienste liegen hinter mir. Jetzt ist Pause. Ruhe. Erholung. Ich sitze mit einer Tasse Kaffee und einem Buch in der Hand im Garten.

Um mich herum wird es langsam, aber sicher grün. Es ist warm. Die Sonne scheint mir ins Gesicht. Der eine und andere Vogel zwitschert fröhlich vor sich hin. Ich leg das Buch zur Seite. Lausche dem Gezwitscher nach und fühle die Strahlen der Sonne auf meiner Haut. Meine Seele baumelt ausgeglichen und fröhlich in meinem Inneren. Es geht mir gut. „Heinrich. Telefon für Dich..." Keine Viertelstunde später sitze ich vor einer Frau und ihrem Mann. Ihr Sohn ist tödlich verunglückt. Die Zeit steht still. Das Schweigen schreit. Die Herzen pochen. Das Blut gefriert. Die Hände eiskalt. Und die Seelen in Unruhe. Meine auch. Als ich nach Hause gehe, scheint die Sonne immer noch. Ihre Strahlen wärmen meine Haut. Die Vögel zwitschern immer noch. Immer noch fröhlich. Ich tauche ein in die scheinbar so heile Welt; aber die Strahlen der Sonne und das Gezwitscher der Vögel tun geradezu weh. Selten wird es so handgreiflich bewusst: Der Friede der Natur trügt. Mich begleiten die versteinerten Eltern, denen vor Schmerz und Schock die Tränen kaum fließen.

Ich komme gut gelaunt in unsere Wohnung. Der Tag war gut. Die Menschen nett. Die Gespräche auch. Die Arbeit ging gut von der Hand. Es kann Feierabend werden. Und das Gefühl dabei: „Die Welt ist nett". Ich öffne die Tür zur Wohnung: „In Amerika ist was passiert. Irgendwas Schreckliches". Schnell den Fernseher an. Auf allen Kanälen. Der 11. September. Von einem Augenblick zum anderen stehst du im Bann dieses Verbrechens. Das Böse hat die Welt in seinem Besitz. Nichts ist mehr heil und nichts mehr nett. Feuer und Flamme und Zerstörung. Tod und Leid und Tränen. Professionelle Vorbereitung; professionellste, um Menschen zu töten. Der Friede des Tages ist dahin. Einfach weg. Und so schnell nicht wieder zu gewinnen. Der Friede trügt. Mitten im Frieden lauert das Böse. Jederzeit bereit, sein Gift zu vergießen.

Das Wochenende war gut. Entspannt schlafen. In Ruhe frühstücken. Gut zu Mittag essen. Am Nachmittag mit dem Hund nach Bad Zwischenahn[9]. spazieren gehen. Im Park Skulpturen von Fred Gerz. Mit Titeln wie: Erinnern, Geborgen, Gedanke, Sehnsucht. Einfach schön. Auf dem Weg nach Hause noch ein Eis. Für den Mai ist es zwar viel zu kalt, aber für ein Eis nicht zu früh. Zu Hause angekommen erst mal sehen, was die Nachrichten zu bieten haben: Die Finanzminister Europas tagen seit Stunden. Ein großes, noch nie da gewesenes finanzielles Hilfspaket muss her. Spekulanten wollen den Euro zerschießen. Sie treiben die Zinsen für die Staatsanleihen von Staaten wie Griechenland in die Höhe. Die Ruhe und die Besinnung des Nachmittags ist dahin: „Was ist mit meinem Ersparten?" „Was ist mit unserer Währung?" „Ist das jetzt schon die zweite Krise in kürzester Zeit?" Die Ruhe trügt. Mitten in der Ruhe lauert die Angst. Jederzeit bereit, den Menschen zu bestimmen und ihn in Unruhe zu versetzen.

„Stellen Sie sich vor", erzählt sie mir: „Meine beste Freundin hat ihren Mann verlassen. Feiert noch

9 Erholungsgebiet in der Nähe von Remels

mit ihm Silberne Hochzeit. Und dann verlässt sie ihn. Hat schon seit einem halben Jahr einen anderen. Wir haben nichts gemerkt. Ihr Mann auch nicht. Wie kann das gehen? Nach außen war immer alles in Ordnung. Ich hab gedacht: Die beiden verstehen sich total gut. Und dann das. Ich bin dadurch richtig aus der Bahn geworfen. Können Sie das verstehen? Meine Freundin sagt jetzt: Sie hätten sich auseinander entwickelt. Wir haben das nicht gemerkt. Was nach außen heil und gut aussieht, muss es nach innen schon lange nicht mehr sein. Die heile Außenwelt hat oft schon unglaubliche Risse. Und manchmal steht nur noch die scheinbar heile Hülle. Und innen ist alles längst zusammen gebrochen. Wie geht das?

Unser Welt ist doch schön. Die Natur. Die Menschen auch. Die Bibel beschreibt das so. Gleich auf den ersten Seiten: Und Gott der HERR nahm den Menschen und setzte ihn in den Garten Eden, dass er ihn bebaute und bewahrte. Und Gott der HERR gebot dem Menschen und sprach: Du darfst essen von allen Bäumen im Garten, aber von dem Baum der Erkenntnis des Guten und Bösen sollst du nicht essen; denn an dem Tage, da du von ihm isst, musst du des Todes sterben. Und Gott der HERR sprach: **Es ist nicht gut, dass der Mensch allein sei; ich will ihm eine Gehilfin machen, die um ihn sei.** Und Gott der HERR machte aus Erde alle die Tiere auf dem Felde und alle die Vögel unter dem Himmel und brachte sie zu dem Menschen, dass er sähe, wie er sie nennte; denn wie der Mensch jedes Tier nennen würde, so sollte es heißen. Und sie waren beide nackt, der Mensch und seine Frau, und schämten sich nicht.

Unsere Welt ist schön. Die Natur. Die Menschen auch. Gut gedacht und gut gemacht. Eine Atmosphäre wie am Ostermontag Nachmittag. Wie ein entspanntes Wochenende, und dann weht das Unheil eiskalt hinein. Und Du merkst: Sie alle haben einen Riss. Die Welt. Die Natur. Die Menschen auch. Wir sind nicht heil. Du nicht. Ich nicht. Wie ist das passiert?

Aber die Schlange war listiger als alle Tiere auf dem Felde, die Gott der HERR gemacht hatte, und sprach zu der Frau: Ja, sollte Gott gesagt haben: Ihr sollt nicht essen von allen Bäumen im Garten? Da sprach die Frau zu der Schlange: Wir essen von den Früchten der Bäume im Garten; aber von den Früchten des Baumes mitten im Garten hat Gott gesagt: Esset nicht davon, rühret sie auch nicht an, dass ihr nicht sterbet! Da sprach die Schlange zur Frau: Ihr werdet keineswegs des Todes sterben, sondern Gott weiß: an dem Tage, da ihr davon esst, werden eure Augen aufgetan, und ihr werdet sein wie Gott und wissen, was gut und böse ist. Und die Frau sah, dass von dem Baum gut zu essen wäre und dass er eine Lust für die Augen wäre und verlockend, weil er klug machte. Und sie nahm von der Frucht und aß und gab ihrem Mann, der bei ihr war, auch davon und er aß. Da wurden ihnen beiden die Augen aufgetan und sie wurden gewahr, dass sie nackt waren, und flochten

Feigenblätter zusammen und machten sich Schurze. Und sie hörten Gott den HERRN, wie er im Garten ging, als der Tag kühl geworden war. Und Adam versteckte sich mit seiner Frau vor dem Angesicht Gottes des HERRN unter den Bäumen im Garten. Und Gott der HERR rief Adam und sprach zu ihm: Wo bist du? Und er sprach: Ich hörte dich im Garten und fürchtete mich; denn ich bin nackt, darum versteckte ich mich. Und er sprach: Wer hat dir gesagt, dass du nackt bist? Hast du nicht gegessen von dem Baum, von dem ich dir gebot, du solltest nicht davon essen? Da sprach Adam: Die Frau, die du mir zugesellt hast, gab mir von dem Baum und ich aß. Da sprach Gott der HERR zur Frau: Warum hast du das getan? Die Frau sprach: Die Schlange betrog mich, sodass ich aß.

Wo kommt die Schlange her? Keine Ahnung. Sie ist plötzlich da. Wo kommt das Böse her? Keine Ahnung. Es ist plötzlich da. Wo kommt der böse Gedanke her, der plötzlich in Deinem Hirn herumspukt? Keine Ahnung. Er ist plötzlich da. Es geht hier auch gar nicht darum zu erklären, woher das Böse kommt. Wenn ich weiß, woher das Böse kommt. Dann ist das Böse keine Schuld mehr, dann ist es Schicksal und ich bin fein raus. Dann ist es der schlechte Erziehungsstil meiner Eltern. Die fehlende Liebe. Dann ist es meine labile Psyche. Das fehlende Geld. Die Gene. Dann ist es: „Ich kann nichts dafür. Die Umstände.....".

Der Text erklärt mit keiner Silbe, woher das Böse kommt; er erzählt, wie es sich ereignet: Es beginnt mit einer List. Und wir müssen schon gut in unseren christlichen Schuhen stehen, um die List auch als solche zu erkennen. „Es ist eigentlich nicht effektiv, alte Menschen medizinisch-therapeutisch zu behandeln; es ist zu teuer und sie sterben eh bald". So spricht die List . „Wieso sollen wir nicht selbst bestimmen, wie lange wir leben wollen und wie lange wir leiden sollen. Eine Pille und dann sind wir weg." So spricht die List. „Lebenswert ist doch eigentlich sowieso nur das Leben, das auch Qualität hat. Und Qualität hat mit Persönlichkeit zu tun. Und was keine Persönlichkeit bilden kann. Na. Das ist eben lebensunwert". So spricht die List.

„Wenn eine Bank 25% Rendite macht. Dann ist das für die Aktionäre sehr gut. Aktie steigt. Dividende auch. Wer kann was dagegen haben? Na ja gut. Wir müssen ein paar Leute entlassen. Und die noch da sind. Die müssen hart arbeiten. Ja. Okay. Manchmal auch bis an die Schmerzgrenze. Aber dafür werden sie auch gut bezahlt". So spricht die List.

Wie ereignet sich das Böse? Es beginnt mit dem Drama der Verführung. Da kommt ein so harmloses Schlangelein daher und träufelt dem Menschen ein wenig Gift in die Seele. Hätte die Schlange gesagt: „Eva. Ich bin der Satan. Und ich werde jetzt versuchen, dich vom Glauben abzubringen und zum Atheismus zu überzeugen." Eva wäre schreiend durchs Paradies geflitzt. Aber so beginnt Verführung nie. Nie so offen und so brutal. Immer klein und fein und vorsichtig und vielleicht sogar fromm: „Komm Eva. Wir beide sprechen ein bisschen über die Religion. Über Gott. Okay. Und los geht's: „Ja. Sollte Gott gesagt haben. Ihr dürft von keinem Baum des Gartens essen?"

Verführung beginnt immer mit Diskussion. „Eine 93jährige noch eine neue Hüfte. Das kostet ja echt was. Und wenn die dann ein Jahr später stirbt? Sollten wir das Geld nicht besser in die Bildung stecken. Krippenplätze zum Beispiel?"

„Eva. Sollte Gott wirklich gesagt haben. Du sollst ihm täglich eine ½ Stunde widmen? Meinst Du wirklich, jeden Tag in der Bibel zu lesen und zu beten, das soll sein? Gott will, dass du ein freier Mensch bist, eine echte Protestantin, entscheide selbst; wenn Du keine Zeit hast, dann lass das. Wenn Du den Film unbedingt sehen musst, dann guck den."

„Sollte Gott echt gesagt haben. Du sollst deine Frau nicht betrügen? Och Mensch. Wenn die Gelegenheit da ist. Also ehrlich. Gott ist kein Spielverderber. Wozu gibt's denn die Erotik. Die hat Gott Dir geschenkt? „Lass uns diskutieren".

Wenn Du Dich darauf einlässt, dann hast Du die Verführung schon eingelassen. Die Schlange redet so lange und so gut, dass Du nachher selbst überzeugt bist: „Ja, warum eigentlich auch nicht". ***Was eine wahre Verführung ist, spürt man erst an ihren Folgen,*** habe ich gelesen. Daran könnte wahr sein, dass wir die Folgen nicht wirklich ausloten können. Es ist doch nicht schlimm. Die Bibel nicht täglich; vielleicht auch lange nicht in die Hand zu nehmen. Das Leben bietet soviel Faszinierendes. Was ist da dies Buch? Und das Gebet? Na ja. Ich bete, wenn mir danach ist. Aber jeden Tag? Das ist doch Beten als Pflicht. Das kann Gott nicht meinen. Und plötzlich hat meine Glaube keine Kraft mehr. Mehr Zweifel als Vertrauen. Was ist durch diese Verführung passiert. Das lote ich nicht aus. Ich merk es erst später. Aber weiß ich dann auch, woran es liegt, dass meine Glaube keine Kraft mehr hat?

Eva diskutiert jedenfalls. „Natürlich essen wir von den Früchten der Bäume. Da muss ich meinen Gott doch mal in Schutz nehmen! Nur von dem einen. Davon dürfen wir nicht. Nicht mal anrühren dürfen wir den. ***Hallo***. Davon hat Gott keine Silbe gesagt. Vielleicht wollte Eva sich mit diesem Satz ein inneres Stoppschild setzen und sich selbst ermahnen. Aber es ist zu spät. Aus dieser Diskussionsnummer kommt sie nicht heil mehr raus. Du auch nicht. Oder jedenfalls sehr, sehr schwer. Nicht umsonst heißt es im Vaterunser: „Und führe uns nicht in Versuchung. Es heißt nicht: Führe uns aus der Versuchung heraus. Wenn in uns die Versuchung tobt, und alle Sinne auf diese geile Frucht schielen, dann wird die Stimme des Glaubens dünn und dünner.

Nun steht in diesem Riesengarten ein einziger Baum, von dem die beiden nicht essen sollen. Da hängt der Wald voller Früchte, die können essen, was sie lustig sind, nur von dieser einen.......

Was ist dein Baum? Den Du in Ruhe lassen sollst? Und nicht lassen kannst? Was ist deine Frucht? Auf die du immer wieder schielst? Und von der Du weißt: Sie steht zwischen Gott und mir. Wenn Du nicht weißt, was es ist: Wie wär´s mit dem Gebet: Gott, was steht zwischen uns, was ist mein Baum, meine Frucht, ich wollt so gerne zur alten Kraft meines Glaubens zurück, ich wollt so gerne den Frieden zurück, den ich im Glauben an Dich hatte.

Und Gott wäre ja nicht Gott, wenn er Dir das nicht zeigen wollte. Gott, wäre nicht Gott, wenn er nicht in seinem Garten auf und ab ginge und ruft: „Adam, wo bist Du? Und Gott wäre nicht Gott, wenn Jesus Christus nicht die große Frage Gottes in Person ist: „Adam, wo bist Du? Ich suche Dich. Amen

Ich hab mit dieser Predigt noch nicht die Saat des Misstrauens berührt, die auch im Text steckt. Auch die Frage nicht, ob Adam und Eva ein bisschen bröselig waren, bevor sie vom Baum der Erkenntnis gegessen hatten. Und ob also auch all die, die an Gott glauben, ein bisschen bröselig sind und intellektuell unterbelichtet- aber das hätte den Rahmen heute echt total gesprengt- ich denke, wir heben uns das auf für´s nächste Mal.

1. Mose 3, 1-14: Von listigen Tieren und verführbaren Menschen

Die Kernspaltung ist gut. Schöne Sache. Tolle Erfindung. Dadurch ist es warm in der Bude. Wir können ferngucken ohne Ende. Warm duschen, rasieren, föhnen, Schnitzel mümmeln und Glühwein trinken. Wir können röntgen. Krankheiten schnell erkennen und heilen. Wie fein.

Die Kernspaltung ist schlecht. Hätten die Menschen einfach nicht erfinden dürfen. Wohin mit dem Atommüll? Das Zeug strahlt auf Jahrhunderte. Bei einem GAU sind Natur, Tier und Mensch verstrahlt. Verseucht. Verkrüppelt ....und schnell tot. Du kannst aus dem Zeug eine Bombe bauen und auf Städte und Menschen werfen. Verderben und Tod auf Jahrzehnte. Welch Katastrophe.

Öl macht uns mobil, bei Arbeit Sport und Spiel. Wie schön. Verseucht Meere auf Jahre und lässt Tiere verrecken. Wie schrecklich.

Internet ist eine tolle Sache. Ich hab letzte Woche Infos über eine bestimmte Krankheit gesucht. Gefunden habe ich: Medizinische Infos. Hinweise, wo die führenden Experten sitzen. Berichte von Patienten, die vom Verlauf der eigenen Erkrankung erzählen. Sich gegenseitig Ärzte, Medikamente und Therapeuten empfehlen. Sich gegenseitig Mut machen und nachfragen: Wie geht's? Wie steht's? Super Erfindung.

Pornographische Bilder von Kindern werden durch die weite Welt geschickt und auf Rechnern gespeichert. Million Bilder hat einer aus Österreich gespeichert. Zeitung vom Wochenende. Ein 14jähriger wird per Mail. Chatrooms. Twittern etc. gemobbt, so schlimm. Er hält es nicht mehr aus. Nimmt sich das Leben. Seitdem besucht sein Vater Schulen, informiert die Jugendlichen über die Gefahren des Internets. Internet - immer noch eine tolle Sache?

Wir Menschen bekommen Dinge in die Hand und zack: Es wird zweideutig. Ist es gut? Ist es böse? Nutzt es? Schadet es uns? Das ist doch merkwürdig, oder?

Ein schönes Glas Wein beim Essen. Und Weizenbier an warmen Tagen und auch sonst. Gut, dass irgendwann irgendjemand auf den Trichter gekommen ist, alkoholische Getränke zu entwickeln. Der Teufel hat den Schnaps gemacht, singt Udo Jürgens. Wieso? Public Viewing Deutschland - Australien in Aurich[10]. Tolles Spiel - tolle Stimmung. Danach eskaliert die Situation: Volltrunkene blockieren die Straße. Schaukeln Autos. Die Polizei muss eingreifen. Eine 24jährige ist so zugeballert, dass sie nur mit massivem Einsatz von der Straße zu entfernen ist. Aus dem Glas Wein, dem Hefeweizen wird Alkoholismus. Der Mensch so verändert, dass er kaum wieder zu erkennen ist.

Wir bekommen tolle Sachen an die Hand und unter der Hand wird aus einer tollen eine lebensbedrohliche. Warum? Nutzt es? Schadet es? Gut? Böse? Wie nun?

Mir fällt eine Frau auf, die ihren älteren und kranken Nachbarn pflegt. Richtig aufopferungsvoll. Sie investiert Zeit, Kraft und Liebe. Die Frau imponiert mir. „Die macht das doch nur wegen des Geldes. Der Alte hat doch keine Kinder." Mit einem Schlag. Besser - mit einem Satz - steht ihre Nächstenliebe in einem anderen Licht. Ist die Frau jetzt gut. Oder durchtrieben? Böse? Was ist ihr Motiv. Ich erkenne es nicht, nicht mehr. Durch einen Satz sehe ich sie anders. Tue ich ihr unrecht? Oder nicht? Gut? Oder böse?

Ich kann der Frau nicht ins Herz gucken. Wahrscheinlich kann sie das noch nicht einmal selbst? Und fragt sich: Warum mache ich das jetzt? Weil ich den alten Mann mag? Weil er mir Leid tut? Ja, natürlich. Irgendwie doch. Oder schiele ich auf sein Geld, aufs Erbe? Das tue ich auch, ohne Frage. Ich kann mich davon nicht frei machen.

Da ist nichts - aber auch gar nichts eindeutig. Von außen nicht - aber von innen auch nicht. Das ist heftig - oder etwa nicht? Nicht einmal uns selbst sind die Motive unseren Handelns eindeutig.

„Wer hat die Sauerei am Kopierer veranstaltet? Warst Du das? Du hast doch als letzter kopiert?" „Ja. Hab ich. Aber das war ich nicht." Du fragst den nächsten. Überall treuer Augenaufschlag und

10 Stadt in Ostfriesland

treue Worte. „Nein. Ich nicht." Du hast einen versauten Kopierer. Eine Reihe von Verdächtigen. Aber keinen Schuldigen. Jedenfalls keinen bekennenden. Sauber machen kannst Du ihn jetzt selbst.

Und draußen läuft jemand mit treuem Augenaufschlag, nettem Lächeln und lieben Worten, der die Sache verbockt hat - aber: … konntest Du das erkennen? Nein, kannst Du nicht. Wir können viel voreinander verbergen. Unglaublich viel.

Ich hab Samstag vor einer Woche eine Frau beerdigt. Sie hatte sich das Leben genommen. Und keiner hat gesehen - es auch nicht sehen können - wie dunkel es in ihrer Seele schon war. Ein Ort ist geschockt. Bei Robert Enke war eine ganze Nation ein riesiges Fragezeichen: Wie ist so etwas möglich? Spielt am Sonntag noch Fußball und legt sich am Montag auf die Schienen. Was können wir vor anderen verbergen - und wie viel erkennen wir nicht! Unglaublich.

Jemand schenkt Dir ein Lob. Du freust Dich. Und dann der Gedanke: „Warum sagt der das? Was will er von mir?". Dein Kind ist besonders freundlich zu Dir. Hallo. Wie schön. Die hat aber einen guten Tag. Ist ja doch ein liebes Kind. Kurze Zeit später: „Mama, fährst Du uns in die Disco". Ach so. Daher wehte der Wind. Da saßen die Motive. Schöne Stimmung verbreiten, um so besser zum Ziel zu gelangen. Mal ehrlich: Machst Du das selbst nicht auch genau so? Gehst taktisch vor? Aber natürlich.

Warum instrumentalisieren wir Gefühle, um an unser Ziel zu gelangen? Selbst bei Menschen, die wir lieben? Das ist doch unehrlich - mindestens zweideutig - oder etwa nicht?

Selbst einem Satz wie: „Ich liebe Dich" müssen wir erst Vertrauen entgegen bringen und Vertrauen abringen, weil er nicht eindeutig ist. Es ist jedenfalls möglich, einem Menschen in Herz und Hand zu sagen: „Ich liebe dich" und ihn gleichzeitig zu betrügen. Das ist heftig. Aber unsere Situation. Anders geht Leben nicht.

Menschen sagen Dir etwas Nettes ins Gesicht und hinter Deinem Rücken machen sie Dich fertig. Nicht ungewöhnlich. Wir können das. Keine Frage. Wir können so zweideutig wie möglich.

Ich lerne einen älteren Mann kennen. Ist mir spontan sympathisch. Er erzählt mir seine Lebensgeschichte, und ich hab mein Bild von ihm. Ich rede mit einem anderen über ihn: „Der Herr ...sowieso, total sympathischer Kerl. Netter Mann." „Ja. Aber weißt Du denn nicht? Der hat Leichen im Keller. Nicht umsonst kommen seine Kinder nicht mehr zu ihm." Hab ich mich so in dem Mann getäuscht? Hat der mir was vorgespielt? Hat er sich verändert - früher so - heute anders? Was soll ich jetzt von dem Mann halten? Das passiert uns doch andauernd. Wir machen uns ein Bild von einem Menschen. Und dieses Bild wird plötzlich total umgestoßen. Gegenwart und Vergangenheit - Worte und Leben passen nicht zu einander. Nichts ist eindeutig. Nicht einfach nur böse und nur gut?

Warum?

Bei der Erziehung der eigenen Kinder wüssten wir doch oft zu gerne, was jetzt das Richtige ist. Erlauben? Verbieten? In Liebe hart sein und bleiben? Oder aus Liebe nachgiebig? Wie wird sich was bei meinem Kind auswirken? Was tut dem Kind jetzt gut? Was nicht?

Welches Wort braucht mein Partner jetzt? Welches kann er gar nicht gebrauchen? Ist die Entscheidung, die ich jetzt treffe - die wir jetzt treffen - die richtige oder die falsche? Nichts, aber auch gar nichts, ist eindeutig. Jetzt operieren oder später? Jetzt Aktien kaufen oder lieber Gold. Mutter ins Heim oder weiter zu Hause. Macht diese Ausbildung mich glücklich oder eine andere? Was wir auch in die Hand nehmen - es ist zweideutig - mindesten. Warum? Das ganze Leben ist nicht eindeutig - wir müssen es lesen. Interpretieren. Deuten. Drauflos leben und probieren.

Natürlich ist der Glaube ein Deutungsmuster: So sehe ich die Welt. So das Leben. So mich. Aber auch wer nicht glaubt, deutet. Es geht nicht anders. Leben geht nicht anders. Warum ist das so?

Auch Gott ist nicht eindeutig. Nicht für uns. Ist Gott gütig? Gnädig? Und lässt mich gut leben? Ist er böse. Missgünstig. Quält mich mit Krankheiten. Mit einem bösen Schicksal? Wie ist Gott? Gibt's den überhaupt? Seitdem Menschen auf der Erde leben, ringen sie um diese Frage nach Gott. Aber eindeutig ist hier gar nichts. Aber es bleibt uns nichts übrig. Wir müssen das Leben leben, so wie es ist, und wir müssen uns für eine Lesart entscheiden. Was die Sache natürlich so ernst macht. Todernst macht. Es ist dein Leben. Und du hast nur dieses eine.

Also lasst uns lesen, wieder die ersten Seiten der Bibel, und versuchen unser Leben zu deuten. Gott gestaltet die Erde wie einen Garten. Das musst Du schon mal hören. Wie einen Garten. Keine Wüste, der Menschen fruchtbares Land abtrotzen müssten. Keine Natur mit wilden Tieren und natürlichen Katastrophen, vor denen Menschen sich schützen müssen. Nein. Gott gestaltet einen Garten. Und was Dir zum Garten Schönes einfällt ist klar. Bunt-grün. Gartenstuhl. Im Sommer grillen. Also: Was Gutes.

Nur: Mitten im Garten steht ein Baum. Von seinen Früchten bitte nicht essen. Das ist der Baum der Erkenntnis von Gut und Böse. Also: Was gut ist fürs Leben, für Dich, und was schlecht. Das Leben um den Baum herum, das ist eindeutig. Das ist mein Bereich, sagt Gott. Und Eure Grenze. Esst ihr von dem Baum, dann ist die Zweideutigkeit da. Das Misstrauen. Der Streit, der Krieg. Der Tod. Die Taten, die Worte, die Gegenstände - sie werden zweideutig.

Ihr müsst Euch ständig entscheiden und werdet nie wissen, ob die Entscheidung richtig war. Ihr hört Worte und werdet nicht mehr wissen, ob sie meinen, was sie sagen. Ihr werdet an diesem Gebot sterben. An meinem Gebot sterben. Und Eva und Adam glauben das. Und: Es geht ihnen gut. Kein

Grund, Gott nicht zu vertrauen. Sie lesen ihr Leben von Gott her. Das Leben ist eindeutig für die beiden. Gott auch - eindeutig gut und fürsorglich.

Dann der Auftritt der Schlange. Unsere Vorfahren, die Germanen, erzählten von der Midgard-Schlange. Sie hat die Erde mit ihrem riesigen Körper umzingelt und konnte sich jederzeit zusammenziehen und die Erde erdrücken. Davor hatten sie irrsinnige Angst. Die Schlange steht dafür, dass wir endlich und sterblich sind, und dass uns der Tod jederzeit überfallen kann. Die Schlage steht für unsere Angst. Und die Eva, der es bei Gott gut geht, lässt sich auf ein Gespräch mit dieser Schlange ein: Ja, sollte Gott gesagt haben: Ihr dürft nicht essen von allen Bäumen des Gartens? Die Schlange behauptet nichts, sie fragt nur, aber das reicht. Wir essen von allen Früchten der Bäume des Gartens. Aber von der Frucht des Baumes mitten im Garten hat Gott gesagt: Esst nicht davon. Rührt sie auch nicht an, dass ihr nicht sterbet.

Nicht essen. Ja. Aber nicht berühren. Nein. Kein Wort davon in der Bibel. An etwas nicht rühren, bedeutet: Angst haben. Sensible Bereiche. Die berühren wir lieber nicht. Und im tiefen Winkel dieser Angst lebt bei Eva der Gedanke: Ist Gott vielleicht doch nicht so gut, wie ich gedacht hatte? Ihr Gottesbild wird zweideutig. Da ist bestimmt noch was, was Gott mir vorenthält. Das Leben könnte schöner sein - ohne Gott. Spaßiger, lustiger, lebensvoller - der Baum des Lebens - wie kann Gott den verbieten?

Aus Vertrauen wird Misstrauen. So gut und gütig ist Gott vielleicht doch nicht. Fürsorglich auch nicht.

Wie ist Dein Verhältnis zu Gott? Vertraust Du ihm? Oder misstraust Du ihm? Dominiert Freude oder Zweifel? Oder Gleichgültigkeit, wenn Du an Dein Verhältnis zu Gott denkst? Nimm die Frage in Deine Hände und betrachte sie.

„Also weißt Du was, Eva", spricht die listige Schlange, „ihr werdet nicht sterben. Ganz im Gegenteil: an dem Tag, an dem ihr von dem Baum esst, werden Euch die Augen aufgehen. Ihr werdet sein wie Gott und wissen, was gut und was böse ist. Ist es nicht besser, dass Leben einfach selbst in die Hand zu nehmen als alles von Gott zu erwarten?" Und plötzlich liest Eva das Leben nicht mehr von Gott her. Ihr Bild von Gott hat sich dermaßen verändert, dass sie selbst anpacken muss, um ihr Leben in den Griff zu bekommen und das geht auch nicht anders, wenn in deinem Verhältnis zu Gott Zweifel, Misstrauen bis hin zur Gleichgültigkeit stecken, dann musst Du Dein Leben selbst managen. Guck genau hin, wie Dein Verhältnis zu ihm aussieht.

Im Kopf hat Eva die Frucht ja schon gegriffen und gegessen. Jetzt macht sie es praktisch. Sie nimmt Gottes Gebot nicht ernst; sie nimmt Gott selbst nicht ernst. Nimmst Du ihn ernst? Das ist keine harmlose Frage, das ist eine todernste. Eine, an der Du dein Leben gewinnst oder verspielst.

Eva handelt an ihm vorbei. Das ist praktischer Atheismus. Und auch bei uns ist unglaublich viel praktischer Atheismus. Das sind all die Dinge, in denen wir ohne Gott agieren. Ohne Gott und manchmal bewusst gegen sein Gebot. Prüft und hinterfragt Euch selbst.

Helmut Thielicke, ein Theologe, den ich sehr schätze, sagt: Es sind nicht die intellektuellen Fragen, die uns Gott fragwürdig machen und uns von ihm entfernen; es sind unsere Sünden. Unser praktischer Atheismus.

Also: Eva nimmt, isst; gibt Adam, der isst auch. Und siehe da. Den beiden werden die Augen aufgetan. Und was sehen sie? Haargenau dasselbe wie vor dem Biss. Aber jetzt ohne Gottvertrauen. Plötzlich, in der Atmosphäre von Misstrauen, erkennen sie, dass sie nackt sind. Ungeschützt. Unglaublich verletzlich und armselig. Sie machen sich Schurze aus Blättern des Feigenbaums. Der Feigenbaum ist übrigens der Baum des Todes.

Adam und Eva müssen sich was vormachen - im doppelten Sinn des Wortes - sie schämen sich für das, was sie sind, getrennt von Gott. Soviel wie nichts mehr, ein bisschen Erde und ein Hauch Leben. Jederzeit bereit zu sterben und zu vergehen. Und sie wollten sein wie Gott.

Adam und Eva schämen und verstecken sich - Misstrauen, Scham, Zweideutigkeit, Worte ohne Inhalt: Ich liebe dich und ich betrüge dich. Taten ohne erkennbares Motiv. Nächstenliebe oder Erbe? Menschen mit Masken. Ich bin ein vollkommen anderer als ich dir erscheine. All das zieht jetzt in die Schöpfung, zieht in den Garten Gottes ein und der Garten wird nicht wieder zu gewinnen sein. Die Hoffnung, die da ist, ist diese: Gott ruft seine Menschen, er ruft Adam, er ruft Eva. Er ruft Dich und er ruft mich. Er sucht Dich und ruft nach Dir. Und alles, was die Bibel weiter erzählen wird: alles redet von den unglaublichen Wegen Gottes, um uns einzuladen, uns zu ermutigen, und zu ziehen, zu tragen und zu locken: Wagt es doch wieder, mir zu vertrauen. Gott lockt uns von Abraham bis zum Kreuz Jesu. Lies Dein Leben von mir her, Deinem Gott. Lass Dich von mir durch dieses Leben führen, vertraue mir. Amen

2. Mose 3: Unter Gottes Führung reifen

Unser Schicksal wird uns nicht nur geschickt. Wir können uns unser Schicksal auch selbst bereiten. Wie? Durch unser Wesen, durch unseren Charakter, durch die Haut, aus der wir nicht rauskönnen; durch die Schuhe, in denen wir stehen? In manchen Situationen sind wir uns selbst die größten Gegner. Stehen uns selbst im Weg und kriegen uns nicht in den Griff: Unseren Zorn nicht oder unsere

Eifersucht nicht und zerstören eine Beziehung, bevor sie richtig begonnen hat. Es kann auch unsere Angst sein oder unser Zaudern - soll ich - soll ich nicht - die Chance ist dahin.

In anderen Momenten sind wir uns selbst die größten Glücksbringer - durch unseren Charme oder weil uns einfach das rechte Wort zur rechten Zeit einfällt. Wir müssen uns mit uns selbst auseinandersetzen: Wie ticke ich eigentlich? Was mache ich gut? Und was nicht? Wo stehe ich mir selbst im Weg und wie kann ich das abbauen? Was kann ich gut? Meine Stärke? Und wie kann ich das noch besser einsetzen?

Uns selbst kennen lernen? Das geht nicht so, dass ich zu Hause vor einem leeren Blatt sitze und meine vermuteten Stärken und Schwächen aufschreibe; es geht so, dass ich meine Erfahrungen mache. Und dann aus meinen Erfahrungen meine Schlüsse ziehe. Ein Hans im Glück braucht eine solche Analyse nicht so unbedingt wie eine Pechmarie; aber die sollte sich schon fragen: Warum passiert mir das? Wie kann ich aus meinen Krisen lernen? Was muss ich abstellen?

Aus der heutigen Lesung und dem PT ist viel zu lernen: Wenn der Gerechtigkeit die Barmherzigkeit fehlt, dann wird sie hart, dann kann sie töten. Mose tötet einen Ägypter, der seinen Landsmann schlägt; da paart sich Gerechtigkeit mit Aggression. Dass Mose seinem hebräischen Bruder hilft, das ist gut, ein guter Wesenszug. Dass er den Ägypter tötet, nicht. Als er sich später wieder für den Unterlegenen einsetzt, merkt man: Der ist so, das ist sein Charakter, das ist gut und mutig. Aber Mose hat sich insofern sein Schicksal bereitet, dass er fliehen muss.

„Willst Du mich auch umbringen“, fragt ihn einer der beiden Männer in dieser Szene. Seine unbarmherzige Gerechtigkeit ist seine Schwäche. Da steht Mose sich im Weg und da bereitet er sich sein eigenes Schicksal, weil er so ist, wie er ist; aber so kann er nicht bleiben. Du kannst ja nicht immer wieder fliehen. Willst du in Ruhe, in Frieden und zufrieden leben, dann musst du deine Schwäche irgendwie in den Griff kriegen oder du scheiterst. Und: immer wieder an diesem einen Punkt, oder hast nicht den Erfolg, den Du Dir wünscht, du fängst an, an dir selbst zu leiden, unzufrieden, unglücklich - innerlich zerrissen -.

Bei Mose merkt man das: Gerschom nennt er seinen Sohn: „ein Fremdling in einem fremden Land“ bin ich geworden. Wie das?: Ich fühle mein Unglück und hol mir das durch den Namen meines Sohnes auch noch immer wieder vor Augen? Gerschom - fremd im fremden Land -, weil ich meine Aggression nicht in den Griff bekomme; meinen Zorn nicht, meine Eifersucht, meinen Neid, meine Intriganz - was auch immer - alles, weil ich mir selbst im Weg stehe.

Aber Mose kann auch anders: Die Szene am Brunnen, als er sich für die Frauen gegen Hirten einsetzt: Er findet seine Frau. Seine Zippora. Den Menschen, der ihn liebt. Eine Familie in der Fremde, in der er sein kann. Er bekommt einen Sohn. Eine Heimat in der Fremde. Und alles, weil Mose sich für die Schwachen einsetzt, für Gerechtigkeit und ohne zu töten und weil er dann zum Essen eingeladen wird und so seine Leute besser kennen lernt. Sein Einsatz für Schwache, für den Unterlegenen, das ist einfach seine Stärke, das zeichnet ihn aus und diesmal ist er sich selbst der Glücksbringer. Wir werden später sagen: Mose musste in die Krise, in die Fremde, er musste an seiner hartherzigen Gerechtigkeit leiden. Das Leben wird zwar nach vorne gelebt, aber rückwärts wird's gelesen und dann lesen wir: Gottes Wege gehen so. Nicht nur mit Mose - auch mit uns.

Ich lese den PT: Mose aber hütete die Schafe Jitros, seines Schwiegervaters, des Priesters in Midian, und trieb die Schafe über die Steppe hinaus und kam an den Berg Gottes, den Horeb. Und der Engel des HERRN erschien ihm in einer feurigen Flamme aus dem Dornbusch. Und er sah, dass der Busch im Feuer brannte und doch nicht verzehrt wurde. Da sprach er: Ich will hingehen und die wundersame Erscheinung besehen, warum der Busch nicht verbrennt. Als aber der HERR sah, dass er hinging, um zu sehen, rief Gott ihn aus dem Busch und sprach: Mose, Mose! Er antwortete: Hier bin ich. Gott sprach: Tritt nicht herzu, zieh deine Schuhe von deinen Füßen; denn der Ort, darauf du stehst, ist heiliges Land! Und er sprach weiter: Ich bin der Gott deines Vaters, der Gott Abrahams, der Gott Isaaks und der Gott Jakobs. Und Mose verhüllte sein Angesicht, denn er fürchtete sich, Gott anzuschauen. Und der HERR sprach: Ich habe das Elend meines Volks in Ägypten gesehen und ihr Geschrei über ihre Bedränger gehört; ich habe ihre Leiden erkannt. Und ich bin herniedergefahren, dass ich sie errette aus der Ägypter Hand und sie herausführe aus diesem Lande in ein gutes und weites Land, in ein Land, darin Milch und Honig fließt, in das Gebiet der Kanaaniter, Hethiter, Amoriter, Perisiter, Hiwiter und Jebusiter. Weil denn nun das Geschrei der Israeliten vor mich gekommen ist und ich dazu ihre Not gesehen habe, wie die Ägypter sie bedrängen, so geh nun hin, ich will dich zum Pharao senden, damit du mein Volk, die Israeliten, aus Ägypten führst. Mose sprach zu Gott: Wer bin ich, dass ich zum Pharao gehe und führe die Israeliten aus Ägypten? Er sprach: Ich will mit dir sein.

Schafe hüten, eine Herde führen, sich um andere kümmern, einen Platz suchen, an dem sie lagern können und zu essen bekommen, das kann Mose. Aber so ein Hirte ist auch viel mit sich allein; mit sich und seinen Gedanken, mit seinen Fragen und dem Rätsel, das er sich selbst ist, mit seiner Situation, in die er sich selbst gebracht hat. Und dann steht er vor dem brennenden Busch, der brennt, aber nicht verbrennt.

Mose steht vor der brennenden Erkenntnis: Nicht so zu sein, wie er vor Gott sein soll; seine gottgegebene Gabe missbraucht zu haben; mit der Scham über die Schuld, die er sich aufgeladen hat und die er sich ständig wieder auflädt; die brennende Erkenntnis immer wieder in die gleiche Falle zu tappen, weil er ist, wie er ist; zu sehen, wie Menschen unter ihm und an ihm leiden; der brennende Busch seiner Sündenerkenntnis.

Aber es hat auch was Reinigendes. Er verbrennt mich ja nicht; der brennende Busch zeigt mir noch was anderes: Er ist seit alters her das Symbol der Liebe Gottes. Der Liebe, die mich durchglüht, mich aber nicht verbrennt, die mich wärmt; doch nicht verzehrt, sondern trägt. Die die „Seele meiner Seele" ist. Der heilige Boden, auf dem mein Leben steht. Mein Fundament. Dies muss sich für Mose an diesem brennenden Dornenbusch ereignen: Scham und tragende Liebe - durchleuchtet und gehalten werden - sich selbst realistisch sehen und mit den Augen Gottes sehen lernen. Nicht wie wir uns selbst beurteilen, ist der Maßstab für unser Leben. Nein, wir müssen lernen, uns im Blick Gottes anzunehmen, unsere Schwächen wie unsere Stärken.

Die Israeliten leiden unter den Ägyptern, die Ägypter knechten sie. Die Israeliten schreien nach Erlösung. Um uns herum schreien viele Menschen nach Erlösung. Wahrscheinlich fehlt uns der Blick dafür; wir sind zu sehr mit uns selbst beschäftigt. Gott hört das Klagen und das Schreien seiner Menschen und will sie erlösen. Er will seine Israeliten in die Freiheit führen, der Gott des Alten Testamentes, der Vater Jesu Christi. Er ist ein Gott, der Menschen in die Freiheit führt, der sie von ihren Fesseln erlöst - erlösen will und dazu braucht er einen Mose, einen, der seine Gaben hat, einen, der an sich selbst zweifelte, der am brennenden Busch gestanden hat und der sich läutern ließ.

Gott braucht einen Mose, der seine Hartherzigkeit verloren hat, der seine Schwäche erkannt und bekannt hat und der es lernt, sich im Blick Gottes selbst anzunehmen. Gott braucht einen Mose, einen Mann, der sich für Schwache einsetzt und der führen und leiten kann, der Geduld mit seiner Herde hat und der die guten Plätze für die Schwachen findet. Gott braucht einen Mose, der andere an die Hand nimmt und sie in die Freiheit führt.

Sind wir solche Leute? Menschen, die andere in die Freiheit führen? Sind wir Menschen, die anderen helfen, ihre Fesseln abzulegen? Die andere an die Hand nehmen und sie ein Stück Weg führen in ein besseres Land? An einen guten Platz? Dahin, wo es ihnen besser geht? Sind wir Menschen, die sich von Gott gebrauchen, die sich von ihm berufen lassen? Sind wir Menschen, die es gelernt haben, sich selbst unter dem liebevollen Blick Gottes anzunehmen und die darum andere in die Freiheit führen können? Wir sind nicht, nur weil wir uns Glaubende nennen, mit einem Mal andere Menschen. Mose musste in die Fremde, in die Krise, er musste seinen Weg gehen bis an den brennenden Busch. Er musste lernen, sich selbst anzunehmen, er musste es lernen, sich mit den Augen Gottes zu sehen. Mich mit meinen Schwächen und Stärken würdigt Gott, beruft Gott, anderen zu helfen und dann sagt Mose immer noch: „Wer bin ich, dass ich zum Pharao gehe und die Israeliten aus Ägypten führe?“ Wer bin ich, dass ich andere Menschen in die Freiheit führe? Gott sagt: „Ich werde mit Dir sein“. Das reicht. Ich werde mit dir sein. Und so findet Mose seine Berufung, sein Lebensziel, seine Lebenswahrheit. So findet Mose seine Erfüllung. Der lässt sich von Gott berufen und dient ihm, indem er Menschen hilft. Hilft, dass sie ihre Fesseln ablegen können, das, was sie am Leben hindert.

Unser Schicksal wird uns nicht nur geschickt. Wir können uns unser Schicksal auch selbst bereiten, am besten aber, wenn wir unser Schicksal in die Hand Gottes stellen und auf ihn hin leben. Amen

1. Könige, 19, 1-14: Neu zu Kräften

Gerade eben feiert er seinen Erfolg. Die Leute schlagen ihm anerkennend auf die Schulter. Sie ziehen den Hut vor seiner Leistung. Und er jubelt innerlich. Er könnte Bäume ausreißen. Fühlt sich so richtig stark. Begeistert Menschen. Erkennt und meistert Probleme. Könnte die Welt verändern. Fürchtet sich vor keinem. Seelisch mit sich, mit Gott, mit der Welt im reinen. Ein Erfolgstyp. Unbedingt.

Und jetzt liegt er unter einem Ginsterbusch und wünscht sich den Tod. Er ist am Ende. Die Power ist weg. Seele, Geist und Körper – alles leer. Müde von oben bis unten. Er kommt nicht wieder vom Boden hoch. Die Angst lähmt seine Knochen und blockiert seinen Geist. Völlig ausgebrannt. Die Leute, die ihm auf die Schulter geschlagen haben und von ihm begeistert sind. Sie hätten ihn nicht wieder erkannt. Wie kann das gehen? Wie kann die Luft so raus sein? Er ist sich selbst ein Rätsel. Natürlich würde er gerne psychisch wie körperlich der Alte sein, aber er ist es nicht. Er versucht, das alte Leben, die alte Stärke wieder zu gewinnen. Und ist wie gelähmt.

Wie geht das? Kennen Sie das? Gerade eben freuen Sie sie sich, weil Ihnen was Gutes gelungen ist und prompt .... In dem einen Moment denken Sie: Kein Problem, dass schaffen wir und im nächsten wissen Sie nicht mehr, wie Sie aus dem Loch herauskommen sollen und können ....

Er ist ein Mann, der sich einsetzt. Der sich für eine Sache begeistert. Er will was ändern. Will helfen. Ein richtiger Idealist. Ein Kämpfer. Immer eine neue Ideen. Immer kreativ. Einer dieser Menschen, auf die man einfach nicht verzichten kann. Der schmeißt den Laden. Sieht die Aufgabe und packt an. Er bemerkt das Problem, fackelt nicht lange und hat die Lösung. Und identifiziert sich mit seinem Beruf. Diese Arbeit ist sein Leben. Es füllt ihn aus. Er macht es total gern. Er hat einen Auftrag ... und sieht: Was ich tue, das ist auch richtig, das ist nötig, das muss sein. Aber.... er steht auch ziemlich allein. Er kämpft gegen Windmühlen. Immer und immer wieder. Immer der gleiche

Kampf. Keine Ruhe. Keine Pause. Immer weiter. Kennen Sie das? Probleme auf der Arbeit. In der Familie. In der Ehe. Immer wieder an dem gleichen Punkt. Immer wieder schlagen Sie was vor. Wollen was ändern. Und doch geht das immer so weiter. Das macht müde. Schlaucht. Eher die Seele als den Körper. Aber den auch.

Die Gottlosigkeit seines Volkes. Die ärgert und wurmt ihn total. Sie begeistern sich für dieses und jenes. Das ist wichtig und das ist toll. Aber Gott. Glaube. Das, was ihm heilig ist. Wovon er lebt, was ihn trägt und was er lebt. Sie gehen gleichgültig dran vorbei. Er redet und redet. Er mahnt und lehrt. Er klagt und streitet. Versucht, seine Leute zu packen. Versucht, sie zu überzeugen und auf den Weg des Glaubens zu bringen. Geht nicht. Gleichgültigkeit, wo er hinkommt. Desinteresse, was er auch sagt. Er arbeitet und arbeitet, aber weit und breit sieht er keinen Erfolg. Selbst von Gott hört er nichts. Dann rafft er sich auf. Versucht noch mal einen großen Kraftakt. Er versammelt das Volk um sich. Zwei Altäre, einen für Baal, den anderen für seinen Gott. Welcher Gott setzt die Opfergabe in Brand? Die fast 500 Propheten des Gottes Baal gegen ihn, den einen Propheten. Die fast 500 tanzen sich in Ekstase rufen ihren Gott an. Nichts passiert. Elia lässt noch 3 x Wasser über seinen Altar gießen. Provoziert. Und gewinnt. Gott ist auf seiner Seite. Die Menschen jubeln ihm zu. Aber das Eis ist dünn. Auf dem Elia geht.

Dieser letzte Erfolg trägt nicht weit. Eine Drohung der Isebel, der Königin, reicht. Und es ist deutlich, wie sehr Elia sich abgearbeitet hat. Wie dünn seine Substanz war. Der Weg vom Jubel bis zur Todesmüdigkeit beträgt mal gerade eine Tageswanderung in die Wüste hinein. Bis unter den Ginsterstrauch. Bis zu den Worten: „Ich kann nicht mehr. Es ist genug. Ich bin nicht besser als meine Väter. Ich kann es auch nicht. Ich werde dem Auftrag nicht gerecht. Ich bin ausgebrannt".

Kennen Sie das? Dem nicht gerecht zu werden, was Sie selbst von sich erwarten? Das Ziel nicht zu erreichen, das Sie sich gesetzt hatten? Dem Bild nicht zu entsprechen, das Sie von sich selbst haben? Müde zu werden und zu resignieren: Es ändert sich ja doch nichts. Ob ich mir hier jetzt ein Bein ausreiße oder in China fällt ein Sack Reis um.

Elia legt sich hin und schläft. Der Schlaf kann ein wunderbarer Tröster sein, wenn man traurig und kaputt ist und „der Morgen ist immer klüger als der Abend". Das kennen Sie auch. Sie gehen mit einem Kopf voller Sorgen ins Bett. Schlafen gut. Ihre Probleme sehen am nächsten Morgen anders aus. Sie sind der Lösung näher. Es ist einfach ein anderes Bild. Der Morgen ist klüger als der Abend. Und... es helfen die einfachen Dinge. Geröstetes Brot und Wasser. Und ein Engel, der Dich antippt und Dir sagt, was als nächstes zu tun ist. Und es gibt Gott sei Dank eine Menge Engel um uns herum. Elia isst und trinkt und legt sich wieder hin. Wie herrlich. Wie herrlich einfach. Aber... wie kaputt ist der Mann gewesen. Wie ausgepowert. Jeder Psychologe hätte ihm Schlaf empfohlen.

Komm zur Ruhe. Lass Deine Seele eine Zeit lang schlafen. Nicht denken. Nicht sorgen. Nicht grübeln. Ruhen. Und dann isst Elia noch mal. Und macht sich auf den Weg. Wandert 40 Tage und 40 Nächte. Die Parallele zu Jesus ist schon da. Der Mann hat neue Kraft. Das schon. Aber er muss noch einiges klären. Er muss mit sich selbst ins Reine kommen. So Kräfte zehrend, so unruhig, so ständig unter Strom, so allein gegen den Rest der Welt, so kann es nicht weiter gehen. Er kommt in eine Höhle und bleibt dort über Nacht: „Was machst Du hier, Elia?“

Ja. Was mache ich hier eigentlich? Warum bin ich hier? Und warum mache ich das, was ich mache? Und vor allem, wie ich es mache. Warum bin ich so? Leidenschaftlich habe ich mich für Dich eingesetzt, Gott. Für Dich bin ich ausgebrannt. Wie eine Kerze, die an beiden Enden gleichzeitig gezündet ist. Ich wollte Dein Volk wieder in die Spur bringen. Ich wollte die Menschen wieder zum Glauben bringen. Ich habe mir die Beine ausgerissen, damit Dein Volk sich wieder an Deine Gebote hält. Leidenschaftlich habe ich mich für das Recht, für andere Menschen, für das Leben eingesetzt. Für Dich, Gott. Alles nur für Dich. Ich allein. Ich reibe mich auf. Bleibe allein übrig. Steh allein auf weiter Flur.

Und wer kennt das nicht? Sie doch auch. Wer hilft mir jetzt? Wer sieht mich? Wie ich mich aufreibe? Ich steh doch allein auf weiter Flur. Selbst Gott ist weit und breit nicht zu sehen. Und dabei habe ich immer alles für ihn getan! Warum sitze ich hier jetzt mit meinen Problemen? Warum? Und wenn man dann so in seiner Höhle sitzt, wie Elia, so mit sich allein, dann kommen die Gedanken. Die Bilder, die einem von sich selbst in der Seele schlummern. Elia, der konsequent für Gott Begeisterte. Der sich in seiner Rolle: Einer gegen alle - auch gut gefällt. Und Gott. Natürlich muss der ihn bewahren. Zur Seite springen, wenn er ruft. Eine Etage tiefer in der der Seele sitzt Elia sozusagen in der Ecke mit einer ziemlichen Wut. Auf sein Volk. Auf diese gleichgültigen, ungläubigen Typen. Hier sitzt der Mann in der Ecke, der viel verändern wollte und der es nicht hin bekommen hat. In Wut verzweifelt. Unzufrieden mit sich. Mit der Welt. Mit Gott. Der müsste doch mal so richtig rein hauen. Das war ja schon gut. Am Berg Karmel. Aber reichte ja wohl noch nicht. Gott muss was tun. Sich zeigen. All die Gleichgültigen sollen mal richtig zusammen zucken. Die Ahabs und die Isebells. All die, die mir in die Quere kommen.

„Komm aus deiner Höhle, Elia“ Komm nach draußen. Komm ins Leben zurück unter die Leute. Verkrieche dich nicht - nicht in der Höhle, nicht in deiner Wut, nicht in deiner Verzweiflung und nicht in deiner Resignation. Er macht das. Kommt heraus, und ein starker Wind frischt auf. Das wäre gut. Gott wirbelt alles durcheinander. Gott wirbelt, und ich bin sein Held. Aber so, so ist Gott nicht. Nach dem Wind kommt ein Erdbeben. Ja. Gott nimm alles einmal so richtig in die Hand und würfle dieses Volk mal so richtig durcheinander. Zeig denen mal, was für arme Würstchen sie doch in Wirklichkeit sind. Gott wirbelt sie durcheinander, und ich bin der starke Mann. Aber so, so ist Gott nicht. Und dann kommt ein stilles, ein sanftes Sausen. Und Elia versteht. Nimmt Gott wahr und sich selbst. Steigt noch tiefer in seine Seele hinunter und hier wohnt der wirkliche Elia.

Der Raum ist rundum tapeziert mit Angst. Alles liegt voll Gerümpel. Alles, was er aus seinem Bewusstsein und aus seinem Gedächtnis verdrängt hat. Alles Beschämende, das er nicht wahrhaben will. Und noch tiefer fänden wir all die Masken, mit denen wir uns unter den Menschen bewegen. Wir kämen dazu, zu sehen, wie wir selbst in Wahrheit sind. Wie wir selbst Gott gegenüber in Wirklichkeit sind. Wie gering unser Beitrag zur Gerechtigkeit auf der Erde ist. Wir bemerken die hundert Widersprüche in uns selbst, die Risse und Klüfte in unserer Seele. Wir sehen, wie sehr wir an all dem Bösen, das wir in der Welt, bei dem anderen, bekämpften, beteiligt sind. Wir sehen, was wir bei den anderen beschimpfen, bei uns selbst. Wir sehen, wie klein und leise wir in Wirklichkeit sind. Und verstehen: wie Gott ist und wie wunderbar. Wie wunderbar es ist, dass Gott uns trotz alledem, gerade uns als seine Boten und Sprecher einsetzt. Leise und still. Auf uns selbst hören. Was tief in unserer Seele lebt. Und auf Gott hören. Den stillen und leisen Gott. Jesus setzt da etwas fort, was hier schon deutlich ist. Klein, still und leise, so ist Gott in der Welt. So klopft er bei uns an. So stellt er uns in seinen Dienst. So beauftragt er uns. Und so sollen wir Menschen für ihn gewinnen. Amen

1. Mose 1: Worte, die Dein Leben prägen

„Am Anfang schuf Gott Himmel und Erde" Mit diesen Worten sind Sie groß geworden. Denken Sie mal zurück: An den Kindergottesdienst. Die Sonntagsschule. An den Religionsunterricht in der Grundschule. Damals noch die Hauptschule. *„Am Anfang schuf Gott Himmel und Erde"*. Wissen Sie es noch? Diese Worte haben Sie gehört. Vielleicht Bilder dazu gesehen. Haben Sie Ihre Kinderbibel noch? Diese ersten Worte der Bibel. Diese ersten Worte des Glaubens haben Ihnen geholfen, dem Leben, den Menschen, den Tieren, der Natur, der Welt zu vertrauen. Diese Worte haben Ihnen ein Gefühl von Sicherheit geschenkt. Sie wussten ganz genau, wenn Gott diese Erde; wenn er den Himmel geschaffen hat, dann ist das was Gutes.

Sie brauchten keine Angst zu haben. Sie konnten mit einem guten Gefühl in die Welt gehen. Den Gott, der Himmel und Erde geschaffen hat, den kannten Sie ja. Von dem hatten Sie schon gehört. Den hatten Sie schon im Stall von Bethlehem gesehen. Den hatten Sie Menschen heilen sehen. Gute Worte predigen hören. Sie hatten gesehen, wie er ins Haus des Zöllners gegangen war und mit ihm gegessen hatte. Keiner wollte was mit dem Zöllner zu tun haben. Aber Ihr Gott. Sie hatten gesehen, dass er sich nicht wehrte als Menschen ihn quälten, und er keine Engel vom Himmel rief als die Menschen ihn ans Kreuz brachten.

Und genau dieser Gott hat Himmel und Erde geschaffen. Und mit diesem Gott, mit diesen Worten sind Sie groß geworden. Ihre ersten Worte des Glaubens. Ihr Bild von Gott. Sie sind mit einem Gott groß geworden, der die Erde wie einen wunderbaren Garten geschaffen hat. Sie hören meine Worte und Sie schauen auf die Felder und Wiesen. Beobachten die Tiere. Still stehen sie auf der Weide, grasen friedlich vor sich hin. Die Rufe der Vögel erreichen Ihr Ohr. Das Zirpen der Grillen steigt zu Ihnen hinauf. Ein Reh tritt aus dem Dickicht heraus. All das erfreut Ihr Herz. Sie verharren in der Stille der Natur und lassen Ihre Seele schweifen. Sie wandert soweit das Auge sehen kann und kommt erfüllt zu Ihnen zurück. Die Sonne sinkt im Westen vom Himmel auf die Erde herab und taucht sie in ihr goldenes Licht. Ihre Strahlen umfassen die Erde und berühren Ihr Herz. Als würde der Himmel in der Sonne die Erde und Sie als seinen stillen Beobachter küssen. Ein zarter Windhauch streicht über die Felder und berührt leicht Ihr Gesicht. Die Ähren wogen sacht vor und zurück. Sie geben der Erde ein unglaublich feines Kleid und Ihrer Seele einen tiefen Frieden. Sie tauchen ein in die Stille und in den Frieden der Natur. Sie sind ein Teil davon. Die Natur ist ein unglaubliches Geschenk Gottes an Sie.

Der Friede, der von der Natur ausgeht, ist der Friede Gottes. Die Strahlen der Sonne, in denen der Himmel die Erde berührt, sind die Strahlen der Liebe Gottes. Der zarte Windhauch, der die Ähren sanft nach vorne und zurück bewegt, das ist der Windhauch der Geistes Gottes, der alles Leben auf dieser Erde anregt. Am Anfang schuf Gott Himmel und Erde. Er hat Sachen gemacht, die unserer Seele gut tun. Es gibt genug für Seele und Magen. Gott hat Ihnen einen Garten bereitet. Einen wunderschönen. Genießen Sie die Natur, die Sonne, den Tag; genießen Sie Ihr Leben.

Gott muss selbst ein Genießer sein. Wer etwas so Schönes macht, der muss selbst voller Freude stecken. Und der liebt es, anderen eine Freude zu bereiten. Wer sich selbst so etwas Schönes gönnt, und es dann verschenkt; der gönnt es uns erst recht. Was heißt gönnen, der hat es für uns gemacht. Wer so etwas Atemberaubendes schaffen kann, der muss selbst noch viel atemberaubender sein. Wer etwas so Farbenfrohes schaffen kann, der ist selbst noch viel bunter. Wer so etwas wie das Leben ins Leben ruft, der ist der Lebendige schlechthin. Wer so etwas Geniales auf die Beine stellt, der ist selbst noch viel genialer. Wenn Sie das nächste Mal wieder in der Natur sind, dann genießen Sie sie sehr bewusst, Ihr Leben auch, und danken Sie Gott dafür. Das, würde ich sagen, ist die rechte Art, damit umzugehen. Genießen, freuen, danken, loben.

Am Anfang schuf Gott Himmel und Erde. Und er hat das gut gemacht. Hat sich alles in Ruhe angeguckt. Und sich selbst gelobt: „*Und Gott sah alles an, was er gemacht hatte und siehe, es war sehr gut"*. Gott hat sich selbst eine 1 gegeben. Und sich dabei selbst auf die Schulter geklopft. Sich selbst gelobt. Sie sind mit einem Gott groß geworden, der sich an seiner eigenen Arbeit freut. Der Spaß daran hat, etwas Wunderschönes zu gestalten. Der sich daran freut und sich dabei lobt. Das muss doch abfärben. Wäre doch schon schön, wenn wir uns mit unserem Gott an seiner Welt, seiner Schöpfung, an unserem Leben, den Tieren und Pflanzen, der gesamten Natur freuen. Wäre doch schon schön, wenn Gottes Freude an uns abfärbt. Und uns tief in unserem Inneren trägt. Gott hat mich aus Freude geschaffen, die Pflanzen, die Tiere, die komplette Natur. Warum soll uns diese göttliche Freude nicht tragen? Ich hab keine Ahnung. Gott jedenfalls hätte seine Freude dran.

Die ersten Worte der Bibel sehen es so: *„Am Anfang schuf Gott Himmel und Erde"* Aber vielleicht haben Sie sich - als Sie größer und älter geworden waren – gefragt: „ja, was war denn wirklich davor? Was hat Gott vorher gemacht?" Es ist ja unsere Sache, dass wir immer in Ursache Wirkung denken - und was war davor? Und was war da davor? Und was war da da davor? Martin Luther hat zu solchen Fragen gesagt: „Davor hat Gott Ruten geschnitzt, um damit Menschen aufs Maul zu hauen, die dumme Fragen stellen". Luther konnte ziemlich drastisch sein. Der erste Satz der Bibel sagt ja auch nichts über den Anfang und dem was vorher war. Er sagt etwas über Gott. Er sagt: Mit Gott, durch Gottes Initiative hat alles einen Anfang genommen. Hätte Gott nicht den Impuls, den Willen gehabt; es gäb nichts. So einfach ist das.

Gott hatte Liebe, Freude, Himmel und Erde zu schaffen. Und ohne Gottes Liebe und Freude, gäb es nichts. Null. So ist das. Vielleicht sind Sie später nachdenklich geworden, haben vom Urknall gehört; vom Streit der Materialisten, Evolutionisten und Kreationisten; haben in der Schule, im *Stern*, *Spiegel*, *Fernseher* oder sonstwo diesen und jenen Astrophysiker seine Theorien zur Entstehung des Kosmos vortragen hören. Und sind unsicher geworden, ob diese uralten Worte der Bibel noch gelten können; ob sie sie noch tragen können. Meinetwegen hat Gott den Urknall genutzt; meinetwegen sind die 7 Tagen nicht 24 Stundentage, sondern ellenlange Dinger gewesen. Interessant ist für mich nur ein Gedanke; und den finde ich auf den 1. Seiten der Bibel: Gott schuf. Und diesen Gedanken lass ich auch nicht los. Gott schuf. Mit diesen Worten sind wir groß geworden. Diese Worte haben uns ein Gefühl von Sicherheit geschenkt. Wir wussten einfach: Die Welt ist was Gutes. Sie ist Gottes Schöpfung. Das Leben ist was Gutes, auch das wussten wir. Gott hat´s gemacht. Und dieses Gefühl von Sicherheit und Vertrauen, das ist bis heute geblieben und das will ich auch nicht verlieren. Und ich verliere´s auch nicht, solange ich Gott im Herzen behalte. Meinen Glauben an ihn.

Vielleicht genießen Sie im Augenblick das regnerisch-stürmische Novemberwetter. Aber mit einem komischen Gefühl. Eben nicht wirklich, weil sie die Klimaverschiebung, die Klimakatastrophe im Hinterkopf haben. Weil Sie Angst davor haben, was noch alles kommen kann- und wenn Sie selbst das auch nicht mehr erleben, dann doch ihre Kinder oder Enkel. Wir Menschen machen ja schon ne Menge Mist mit und in Gottes guter Schöpfung. Das ist ganz allein unsere Verantwortung. Und natürlich hat Gott uns Gesetze gegeben. Aber eben nicht um uns das Leben schwer zu machen, sondern um das Leben auf seiner guten Erde vernünftig, gut zu gestalten. Und eben das tun wir nicht; darum leiden nicht nur wir, sondern eben auch Gottes Schöpfung. Gott selbst. Aber was könnte unserer eigene Verantwortung für die Schöpfung besser motivieren als die göttliche Freude? Denken Sie an den wunderbaren Sonnenaufgang. Denken Sie noch mal daran, wie Sie mit allen Sinnen genießen, was die Natur Ihnen schenkt und dann denken Sie daran: Das ist Gottes Geschenk an mich; wenn die Freude, die Sie in diesem Moment empfinden, Sie nicht in Ihrer Verantwortung motiviert - was denn dann?

Und ein weiterer Gedanke: Ich kann mir andererseits nicht vorstellen, dass Gott uns seine Schöpfung total kaputt machen lässt; dafür hat er sie mit zu viel Freude gemacht. Gott wird einen Weg wissen, sie zu retten.

„Am Anfang schuf Gott Himmel und Erde" Mit diesem Wort sind sie groß geworden. Und mit einem anderen noch: *Und Gott sprach: lasst uns Menschen machen; ein Bild, das uns gleich sei. Und Gott schuf den Menschen nach seinem Bild, zum Bilde Gottes schuf er ihn; und er schuf sie als Mann und Frau.* Sie haben diese Worte gehört und Sie wussten: Ich bin von Gott gewollt, von Gott gemacht. Ich verdanke mich nicht mir selbst; auch dem Zufall nicht. Ich bin von Gott gemacht. Jeder Mensch ist von Gott gemacht. Gewollt. Sie wussten ganz genau, wenn Gott mir das Leben geschenkt hat, dann ist es was Gutes. Dann ist das etwas, worüber ich mich freuen kann.

„Nach seinem Bilde", hat Gott uns geschaffen. Was heißt das? Seit es diese Worte gibt, wird gerätselt: Sehen wir so aus, wie Gott? Hat Gott sich selbst beguckt und gesagt: So ähnlich sollen meine Menschen auch aussehen? Ich glaub´s nicht wirklich. Oder hat Gott damit das Geistige gemeint, unsere Vernunft? Unsere Fähigkeit zu denken, das, was uns von den Tieren unterscheidet? Vielleicht; eher aber nicht. Auch an anderer Stelle reißt das Alte Testament Körper und Geist niemals auseinander, warum dann hier? Ich glaube eher, gemeint ist unsere Fähigkeit, Gott zu suchen, nach ihm zu fragen; gemeint ist unsere Fähigkeit, uns an Gott selbst zu freuen. Mit ihm zu reden. Gemeint ist unsere Fähigkeit, Gott zu lieben, obwohl wir ihn noch niemals gesehen haben. Gemeint ist, dass wir Gott antworten können. Wir sind Wesen, die mit Gott, gegen Gott oder ohne Gott leben können. *Und Gott sprach: lasst uns Menschen machen; ein Bild, das uns gleich sei.*

Erst hat er uns einen Lebensraum geschaffen - Himmel und Erde, Sachen und Dinge, die unserer Seele gut tun, unserem Magen auch - und dann uns selbst. Und als alles fertig ist, auch der Mensch, da sagt Gott: *es war sehr gut.* Und das ist jetzt doch wirklich komisch. Gottes Urteil über den Kosmos und die Natur: *es war sehr gut,* das würden wir noch unterschreiben. Aber sein Urteil über uns Menschen: *es war sehr gut?* Unterschreiben würde dieses Urteil keiner von uns, oder? Dafür kennen wir uns zu gut. Aber in Gottes Augen waren wir das, sonst stünde es da nicht. Gemacht sind wir gut und alles, was dann folgt, steht in unserer Verantwortung. Es kann gut, und es kann böse sein.

Gut ist es, wenn wir unserem Schöpfer mit unserem Leben antworten, wenn wir dankbar vor und mit ihm leben. Wenn wir das Leben und Gottes Schöpfung genießen, wenn wir uns über Gott freuen, wenn wir Gott danken und loben. Gut ist es, wenn wir mit Gott leben. Es ist schon alles richtig gut angelegt von Gott. *Am Anfang schuf Gott Himmel und Erde - und siehe, es war sehr gut.* Amen

Printed by Books on Demand GmbH, Norderstedt / Germany